Maurizio Molinari

Jihad

Guerra all'Occidente

Rizzoli

ISBN 978-88-17-08591-5

Prima edizione: dicembre 2015

Cura redazionale: Sara Grazioli

Jihad

A Emanuele Corinaldi,
che scelse Gerusalemme

Introduzione

«Da Raqqa a Parigi, dalla Siria all'Europa: porteremo la guerra dove vive il nemico.» Con queste parole Abu Bakr al-Baghdadi ha annunciato di voler andare «all'attacco dei crociati» per non «farli più vivere in pace». È la minaccia che ha generato le stragi di Parigi dimostrando che l'Europa è divenuta un fronte della guerra combattuta in Siria e Iraq contro i gruppi jihadisti. Il Califfo dello Stato Islamico vuole portare la jihad nell'Europa intera per imporre il suo dominio sull'Islam: uno scontro apocalittico fra i suoi seguaci e il mondo degli infedeli e degli apostati. Il 29 giugno 2014 al-Baghdadi ha proclamato lo Stato Islamico su 250.000 chilometri quadrati di territorio strappati a Siria e Iraq al fine di dilagare con la propria ideologia totalitaria sulle terre abitate da musulmani. Ma è stato solo l'inizio di una campagna globale che punta a varcare il Mediterraneo, reclutare gli elementi più estremisti nelle comunità islamiche e sottomettere le aree geografiche di cui parlano i suoi portavoce: i Balcani «terre musulmane», l'Andalusia «da liberare» perché era del Saladino, Roma «capitale della cristianità» e la Francia «delle prostitute e delle oscenità». Incalzato in Iraq e Siria dalle iniziative militari delle coalizioni guidate da

Washington e Mosca, al-Baghdadi non si cura troppo di fedelissimi eliminati e villaggi perduti, ciò che conta per lui è restare protagonista di una guerra permanente. Riuscire a portarla in Europa, in Russia o negli Stati Uniti significa dimostrare ai propri seguaci di essere il vero Califfo: inarrestabile e feroce. Capace di unificare attorno a lui la galassia di gruppi, fazioni e tribù jihadiste sunnite che si estende per oltre novemila chilometri da Tangeri a Peshawar. Minacciando la sicurezza di tutti noi.

L'assalto all'Europa nasce da una grande guerra per il dominio dell'Islam in corso alle soglie dell'Occidente che questo libro descrive. È combattuta nei territori dei Paesi musulmani in nome della jihad e riflette desideri di egemonia regionale di leader politici, religiosi, militari, terroristici e tribali in competizione fra loro. È un conflitto feroce che proietta uno tsunami di anarchia e violenza sull'Europa.

C'è un legame diretto fra quanto sta avvenendo sul lato sud del Mediterraneo e i pericoli per la nostra sicurezza collettiva. Il detonatore è il disegno apocalittico di al-Baghdadi, attorno al quale ruotano le sfide fra due rivoluzioni islamiche, cinque potenze regionali di Medio Oriente e Nordafrica, dozzine di grandi clan tribali e una miriade di gruppi armati e sigle terroristiche in gara fra loro per ottenere il controllo di spazi strategici, risorse energetiche, vie di comunicazione, luoghi di culto e grandi città lungo un fronte di combattimento disseminato di micro-conflitti che si snoda senza interruzione dalle montagne dell'Afghanistan alle coste del Marocco, passando attraverso lo Stretto di Hormuz, il Corno d'Africa e il Sahel. È una guerra che divora gli Stati post-coloniali del Novecento: Siria, Iraq, Libia e Yemen hanno cessato di esistere perché non hanno più governi, parlamenti, amministrazioni pubbliche e confini condivisi; Libano,

Giordania, Tunisia e Bahrein temono di subire la stessa sorte; i giganti regionali Turchia, Arabia Saudita, Egitto e Iran hanno l'incubo di frammentazioni mortali.

La mappa geopolitica che conosciamo, abbiamo studiato e memorizzato non esiste più. Si impongono al suo posto entità non statuali protagoniste di nuovi equilibri di forza sebbene non riconosciute a livello internazionale: lo Stato Islamico (Isis) esteso dalla periferia di Aleppo a quella di Ramadi; il Kurdistan nella versione irachena con capitale Erbil e in quella siriana nell'enclave nel Rojava; la Striscia di Gaza in mano a Hamas; Hezbollah padrone di Libano del Sud e Valle della Bekaa; Fajr Libia in Tripolitania; la tribù degli houthi nel nord dello Yemen e il mini-Stato di al-Qaida a Mukallah nello Yemen del Sud; senza contare le aree di territorio controllate da Isis nel Sinai, dagli al-Shabaab in Somalia, da tuareg e tebu nel Fezzan e da Boko Haram in Nigeria, sulle rive del Lago Ciad.

Il conflitto fra sunniti e sciiti, incentrato sui territori appartenuti a Siria e Iraq, è l'asse portante di questa guerra, la proclamazione del Califfato ne è stata la miccia e il brutale terrorismo che ha generato attraversa il Mediterraneo, creando una situazione di instabilità endemica che spinge le potenze regionali rivali – Arabia Saudita, Iran, Turchia, Egitto, Emirati Arabi Uniti – a voler imporre i propri interessi con ogni possibile mezzo, forza militare inclusa. I contendenti sono monarchi, sceicchi, generali, capi tribù, leader religiosi e spietati terroristi: nessuno di loro possiede una inequivocabile definizione di vittoria né appare al momento in grado di imporsi sugli altri. E nessuno di loro può sentirsi del tutto al sicuro. Il domino della frammentazione etnico-tribale è in fase di accelerazione, l'era della jihad si impone sulle macerie del nazionalismo arabo protagonista del secolo scorso fino al punto di minacciare l'unità di un Paese come la Turchia, pilastro dell'Alleanza atlantica. È uno scenario di precarietà tale da spingere tutti i leader, che guidino Stati o villaggi, a inseguire obiettivi tattici di breve termine, al fine di rafforzarsi a scapito di qualcun altro, nell'immediato e su terreni di scontro delimitati. È un modo di combattere che ripropone le faide tribali del deserto: scontri interminabili, alternati a tregue temporanee, con il tempo scandito da vendette e saccheggi al fine di sottomettere il nemico più vicino, alleandosi magari con i suoi avversari in una continua ridefinizione degli equilibri di forza a scapito delle popolazioni civili, vittime di violenze e povertà, obbligate a migrazioni massicce e disperate. È una stagione dell'anarchia segnata dall'impossibilità di un singolo contendente – o di una coalizione di forze – di prevalere in maniera decisiva sui rivali. A evidenziarlo sono le caratteristiche militari del conflitto: si combatte su più campi di battaglia, con patti che vengono siglati e violati nello spazio di un mattino, condottieri che si alternano, nemici che si trasformano in alleati e viceversa, il tutto sullo sfondo di odii atavici che si rinnovano. L'unico elemento comune è il richiamo alla jihad, la «guerra santa» dell'Islam come fonte di legittimazione di forze contrapposte, in lotta fra loro. A riemergere è l'identità tribale di una regione dove le potenze coloniali europee, dopo la Prima guerra mondiale, imposero la nascita di Stati arabi con confini artificiali che, un secolo dopo, appaiono fragili come un castello di carte.

Nell'area fra Aleppo, Damasco, Hama e Homs, dove fino al 2011 si trovava il cuore della Repubblica di Siria, il conflitto è più aspro perché la posta in palio è strategica. L'Iran di Ali Khamenei, guida suprema della Repubblica Islamica, vuole mantenere in sella il regime alleato di Bashar Assad per consolidare il controllo di uno spazio geografico ininterrotto, da Baghdad a Beirut, che vede al governo leader alleati o assoggettati, e permette a Teheran di guidare una «mezzaluna sciita» di territori che dall'Oceano Indiano raggiunge il Mediterraneo mettendo una seria ipoteca sull'egemonia regionale. Tanto più che è l'unica nazione musulmana dell'area a poter vantare un programma nucleare legittimato dalla comunità internazionale. Proprio per questo il fronte sunnita è accomunato dalla volontà di abbattere Assad: vuole infrangere il progetto di Teheran, creare un cuneo fra la Mesopotamia e la costa libanese, e procedere all'eliminazione degli alleati dell'Iran. In attesa dell'esito della battaglia di Damasco, eserciti, milizie e tribù combattono su ogni fronte: dall'Iraq allo Yemen, dal Sinai alla Tunisia, dallo Stretto di Hormuz a Suez, dal Sahara alle spiagge del Mediterraneo. Non sempre si tratta di sunniti contro sciiti perché c'è anche un conflitto interno fra sunniti: con gruppi rivoluzionari, soprattutto di matrice islamica, che vogliono abbattere i governi esistenti o impossessarsi di territori da dove esercitare nuove forme di potere e gestire traffici illeciti. Nato come scontro terrestre, questo conflitto multiforme si sta estendendo sul mare perché soldati e terroristi vedono nelle rotte sottocosta, in Libia come nel Sinai, nel Golfo come nel Mar Rosso, uno spazio di operazioni utile a moltiplicare azioni e profitti. Ponendo una minaccia diretta all'intera regione del Mar Mediterraneo. Ovvero anche alle coste dell'Italia.

Le pagine che seguono descrivono origini, campi di battaglia, comandanti militari e leader rivali che ripropongono una riedizione contemporanea della contesa fra sciiti e sunniti per la guida dell'Islam che inizia all'indomani della scomparsa di Maometto nell'anno 632 e si sviluppa oggi in uno scontro fra opposti modelli di islamizzazione.

È un conflitto di civiltà che si consuma all'interno

del mondo musulmano e vede i maggiori contendenti puntare a unificare l'Islam sotto la propria egemonia, adoperando nei confronti del proprio nemico il termine *takfiri* – apostata – al fine di privarlo di legittimità, emarginarlo, sconfiggerlo e in ultima analisi eliminarlo. Avere tale grande guerra sull'uscio di casa significa per l'Europa doverla affrontare perché il massacro di Parigi dimostra che può essere invasa e diventare il teatro di combattimento. I gruppi jihadisti e salafiti hanno già colpito nelle nostre città – da a Londra a Madrid, da Bruxelles a Tolosa – e pianificano di trasformare le nostre strade in mattatoi di apostati e infedeli al fine non solo di sottometterci ma soprattutto di imporsi sui loro rivali interni. Le potenze regionali concorrenti cercano alleanze o prove di forza con le democrazie del Vecchio Continente per accrescere la propria statura in Medio Oriente o in Nordafrica. Clan e tribù vedono nel Mediterraneo uno spazio di ricchezza da saccheggiare per far fiorire ogni sorta di traffici illegali a vantaggio del crimine organizzato.

Per i protagonisti della grande guerra islamica i territori europei sono oggetto di contesa, palcoscenico di esposizione di forza, fonte di ricchezza e potere, orizzonte di ambizioni sanguinarie e teatro di azioni terroristiche. E per i milioni di profughi di questo conflitto l'Europa è la terra dove fuggire cercando scampo, catapultando nei nostri Paesi drammi personali e passioni collettive frutto della più vasta e feroce trasformazione attraversata dall'Islam dall'indomani della dissoluzione dell'Impero ottomano.

È una guerra che fa scorrere il sangue anzitutto fra i musulmani ma assedia e minaccia chi viene considerato «infedele». Le minoranze yazida, curda e cristiana sono vittime di persecuzioni e violenze in Iraq e Siria da parte di gruppi jihadisti che ne vogliono cancellare l'esistenza così come i salafiti braccano i «non credenti» in Libia, Tunisia e Giordania. Tranne alcune eccezioni – come Marocco, Libano, Egitto e Giordania – praticare la fede cristiana nelle terre arabe dell'Islam è diventato proibitivo, significa esporsi a pericoli. È un assedio che preme ai confini di Israele perché l'unico Stato ebraico è circondato da organizzazioni non statuali che si propongono di annientarlo – Hamas a Gaza, Hezbollah in Libano del Sud, Jabhat al-Nusra sul Golan, Isis nel Sinai – in quanto considerano la sua stessa esistenza un sacrilegio, un'offesa all'Islam.

Per affrontare il domino di anarchia, violenza e instabilità che si proietta verso la sponda nord del Mediterraneo, l'Europa ha bisogno di una dottrina comune di difesa che identifichi il nuovo tipo di nemico e indichi come combatterlo nonché di leggi più efficaci contro il terrorismo jihadista e sull'immigrazione passando attraverso una ridefinizione delle libertà personali per tutelare la sicurezza collettiva. L'interesse dell'Europa è sostenere chi nel mondo musulmano condivide i principi dello Stato di diritto, della responsabilità personale, della difesa delle libertà civili e dei diritti umani: identificare tali interlocutori è prioritario. Più tardi tali risposte arriveranno, più saranno i rischi da cui difenderci. Il tempo non gioca a favore dell'Europa perché la grande guerra per l'Islam tende ad accelerare. Le esitazioni delle democrazie occidentali creano le premesse per iniziative altrui, a cominciare dalla Russia di Vladimir Putin che invia le truppe in Siria con l'obiettivo di creare una propria enclave nel Mediterraneo orientale e diventare protagonista dei nuovi assetti strategici. La lentezza dell'Europa nella ridefinizione dei propri interessi di sicurezza nasce da un ritardo di interpretazione: guarda al mondo dell'Islam ancora attraverso la lente del nazionalismo arabo, frutto della decolonizzazione, mentre siamo all'inizio di una nuova epoca, nel segno della jihad. Quando la Storia accelera, obbliga ognuno di noi a ridiscutere le proprie convinzioni e conoscenze, riadattandole a una realtà differente. Risposte e rimedi alla prima minaccia totalitaria del XXI secolo non possono essere semplicemente ritagliati su quanto avvenne nel Novecento. La necessità di difendere le nostre libertà è la stessa di allora, ma il metodo per farlo deve tenere conto dell'identità di una nuova tipologia di nemico.

Questo libro è frutto della scelta del mio giornale, «La Stampa», di inviarmi in Medio Oriente per raccontarne le traumatiche trasformazioni, della volontà di un editore interessato a descrivere gli sconvolgimenti in atto per le ripercussioni che hanno sulla vita di tutti noi e del contributo infaticabile di mia moglie Micol con cui condivido l'esperienza unica di vivere in una città di frontiera fra più mondi come Gerusalemme.

Gerusalemme, 18 novembre 2015

1

Sfida per l'Islam

Progetto Apocalisse

Ad accendere la miccia della grande guerra per l'Islam è lo Stato Islamico (Isis) del Califfo Abu Bakr al-Baghdadi, portatore di un progetto apocalittico, fondato sulla volontà di eliminare fisicamente chiunque gli si opponga al fine di dominare il Pianeta. Al-Baghdadi teorizza la distruzione degli sciiti perché hanno tradito il Profeta Maometto, l'eliminazione dei sunniti *takfiri* – ovvero apostati, traditori, corrotti –, la sottomissione di tutte le minoranze che si vengono a trovare nei suoi territori – yazidi, curdi, cristiani, ebrei – e la distruzione di tutte le testimonianze archeologiche di civiltà e culti non islamici – dagli antichi Assiri alle tombe dei profeti sufi – presentando un programma basato sull'affermazione assoluta, totale, della purezza dell'Islam delle origini.

È questa visione totalitaria che porta al-Baghdadi a prevedere la conquista di Najaf e Kerbala, città sante sciite, passando attraverso un bagno di sangue, come anche spiega il suo portavoce Abu Muhammad al-Adnani, chiedendo ai «musulmani nei Paesi dell'Occidente» di «trovare un infedele, colpire la sua testa con un sasso, avvelenarlo, investirlo con un'auto o distruggere i suoi raccolti».[1] È una forma di punizione totale che affianca l'omicidio del singolo alla distruzione totale di qualsiasi collettività umana a cui appartenga: famiglia, tribù, città, società e nazione. Il giornalista tedesco Jürgen Todenhöfer, dopo aver passato dieci giorni nel Califfato, afferma che «la loro filosofia ufficiale prevede che cinquecento milioni di persone debbano morire».[2] Il presidente egiziano Abdel Fattah al-Sisi sottolinea la pericolosità di tale approccio condannando «l'ipotesi folle che si possa perseguire l'uccisione di un miliardo di persone».[3] Ma la dottrina *takfiri*, secondo la quale lo Stato Islamico deve purificare il mondo uccidendo un gigantesco numero di esseri umani, è l'architrave dell'ideologia del Califfo, maturata dal predecessore Abu Musab al-Zarqawi e, prima di lui, dall'ideologo salafita Muhammad al-Maqdisi. Ciò spiega perché il più alto numero di vittime di Isis sono musulmani accusati di essere apostati.

I riferimenti all'Apocalisse sono una delle differenze più nette fra al-Qaida e lo Stato Islamico. Osama bin Laden e il successore Ayman al-Zawahiri assai raramente li hanno adoperati, preferendo i messaggi sulla distruzione dei Satana dell'Occidente, mentre nella propaganda del Califfo il Giorno del Giudizio viene citato molto spesso. Un altro degli argomenti ricorrenti è che vi saranno solo dodici legittimi Califfi, al-Baghdadi è l'ottavo, e gli «eserciti di Roma si ammasseranno per confrontarsi con le armate dell'Islam nel nord della Siria» in uno scontro finale fra l'Islam e una sorta di anti-Messia destinato ad avvenire a Gerusalemme.[4] Da qui l'importanza di Dabiq, la città siriana vicino Aleppo da cui prende il titolo il magazine di Isis, perché si tratta del luogo dove, secondo la profezia apocalittica, l'«esercito di Roma erigerà il proprio accampamento» trasformandosi in una sorta di Waterloo dei nemici dell'Islam. I riferimenti a «Roma», «Gerusalemme», ai *takfiri* musulmani e agli odiati sciiti confluiscono verso un momento finale di scontro destinato a portare alla distruzione totale dei nemici della purezza islamica incarnata dai Califfi successori del Profeta. È tale visione della jihad che induce singoli gruppi terroristici associati a Isis a fare frequenti riferimenti all'Apocalisse. Ad esempio quando viene decapitato l'ostaggio americano Peter Kassig, nel novembre 2014, la rivendicazione ricorda la «decapitazione dei nemici sulla pianura di Dabiq» così come quando Isis decapita quattordici copti egiziani sulle spiagge della Libia, nel febbraio 2015, preannuncia la «conquista di Roma» che è, ancora una volta, un richiamo all'Apocalisse. E ancora: la resa dei conti finale diventa programma militare con lo Stato islamico del Khorasan in Afghanistan-Pakistan che si propone di attaccare l'India per innescare una versione locale dell'Apocalisse, ovvero un attacco atomico di New Delhi contro il Pakistan destinato a spingere Islamabad a fare altrettanto, innescando un conflitto nucleare. Ecco perché al-Adnani riassume il progetto di Isis con l'espressione «ridisegnare il mondo grazie alla metodologia profetica del Califfato» che si basa sul «non riconoscimento dei confini» in quanto l'obiettivo strategico finale è il dominio sul mondo dopo l'eliminazione totale dei nemici.

Califfato contro ayatollah

La Repubblica Islamica dell'Iran del leader supremo Ali Khamenei e lo Stato Islamico del Califfo Abu Bakr al-Baghdadi sono portatori di progetti rivoluzionari rivali per il dominio dell'Islam, riproponendo con armi e ideologie del XXI secolo una contesa che risale alla successione al Profeta Maometto. Khamenei e al-Baghdadi esaltano l'identità religiosa – sciita in un caso, sunnita nell'altro – per farne un punto di aggregazione di vaste popolazioni, nel mondo arabo e non, al fine di arrivare a esercitare un'influenza decisiva nello spazio geografico che va dai confini con l'India alle sponde dell'Atlantico, dal Caucaso al Corno d'Africa. Si tratta di uno scontro assoluto, perché entrambi i contendenti perseguono attraverso la jihad una vittoria totale, che si articola attorno a tre dimensioni: teologica, istituzionale e militare.

La sfida teologica ha a che vedere con le origini dell'Islam. La Repubblica Islamica dell'Iran, frutto della Rivoluzione khomeinista del 1979, si fonda sullo sciismo, ovvero la fede dei seguaci di Ali che, dopo la morte di Maometto, nel 632, contesero ai Califfi sunniti la guida dei musulmani. Lo Stato Islamico di Abu Bakr al-Baghdadi si basa invece proprio sull'eredità di tali Califfi sunniti, considerandosi il proseguimento naturale di quella stagione. Sotto tale profilo la contesa è dunque sulla leadership dell'Islam contemporaneo, rinnovando il duello che seguì alla scomparsa del Profeta. Lo scontro allora fu sul metodo della successione perché i sunniti – da *ahl al-Sunna*, il popolo della tradizione – volevano seguire le tradizioni delle tribù arabe mentre gli sciiti – da *shiat Ali*, la fazione di Ali – sostenevano che la nuova guida avrebbe dovuto essere un appartenente alla famiglia del Profeta, e dunque Ali, il cugino che poi era anche genero di Maometto. La diversità di approccio si accompagnò a una diversa visione di leadership: i sunniti si diedero i Califfi, considerati dei condottieri umani, incaricati di mantenere l'ordine e far rispettare la legge del Profeta, mentre gli sciiti si affidarono agli imam, giudicati infallibili proprio perché discendenti diretti di Maometto. Quando Ali venne nominato quarto Califfo si verificò una temporanea unificazione fra le due correnti teologiche, ma dopo cinque anni morì in circostanze misteriose e il figlio, Hussein, non venne nominato successore bensì ucciso da parte della famiglia degli Omayyadi nella battaglia di Kerbala, in quello che è diventato il momento-chiave della separazione fra sunniti e sciiti. È noto il canto sciita *Ogni giorno è Ashura, ogni luogo è Kerbala* che ribadisce il carattere immanente e perpetuo del torto subito.

Tale contrapposizione originaria illustra come l'oggetto del contendere sia la legittimità a guidare l'intero Islam, i cui 1,57 miliardi di fedeli[5] sono composti all'80 per cento circa da sunniti e al restante 20 per cento da sciiti. Ma la contrapposizione demografica è causa di maggiore tensione in Medio Oriente perché si tratta di una regione dove i sunniti sono in maggioranza in Arabia Saudita, Egitto, Turchia e Siria mentre gli sciiti prevalgono in Iran, Iraq e Libano, dando vita a un equilibrio complessivo assai più instabile: 161 milioni di sunniti contro 110 milioni di sciiti. Se a ciò si aggiunge che in questi Paesi – come negli Emirati del Golfo e in Yemen – minoranze sciite si trovano a vivere in territori dominati dai sunniti, non è difficile arrivare a comprendere l'entità di una miscela di rivalità locali, odii religiosi e competizione territoriale capace di innescare conflitti. Anche perché l'ostilità reciproca si nutre di messaggi politici che sovrappongono passato e presente: gli sciiti si identificano con il «martirio» di Hussein imputando ai sunniti una repressione secolare, mentre i sunniti accusano gli sciiti di «rigettare» la vera fede, ovvero di tradire il Profeta.

È in tale cornice che le due rivoluzioni islamiche sono portatrici di progetti concorrenti per il dominio non solo dell'Islam ma del Pianeta. Al-Baghdadi interpreta il Corano e la Sunna attraverso una dottrina jihadista salafita – per il ritorno alle origini dell'Islam – il cui intento è porre ogni singolo centimetro di terra sotto l'autorità del Califfato, arrivando così a stabilire la sottomissione del mondo ad Allah. Ciò significa proporsi di abbattere non solo l'ordine stabilito dalla Pace di Westfalia, basato dal 1648 su riconoscimento e convivenza fra gli Stati nazionali, ma qualsiasi entità geopolitica estranea: per questo Isis accompagna la proclamazione della nascita del Califfato con la pubblicazione di un calendario che prevede la conquista del Pianeta in cinque anni, con tanto di cartina su come si presenterà l'assetto geopolitico della Terra a risultato ottenuto.[6] Anche la rivoluzione iraniana ha una vocazione universale che si ritrova nel linguaggio adoperato dall'ayatollah Khomeini: «Né Oriente né Occidente, Repubblica Islamica». L'islamista Bernard Lewis spiega tale messaggio con la volontà di «proporre l'Islam come modello alternativo al comunismo sovietico e al capitalismo occidentale» destinato a essere costruito attraverso «la lotta a paganesimo, oppressione e imperi».[7]

Entrambi vogliono impossessarsi del mondo, ma è una sfida apparentemente impari perché gli ayatollah iraniani non hanno rivali nella guida degli sciiti, mentre Abu Bakr al-Baghdadi tenta di impossessarsi di un mondo sunnita che ancora, in gran parte, non lo segue, gli si oppone o gli è lontano. Il solco tra i due è piuttosto evidente: la Repubblica Islamica ha trentasei anni di età e lo Stato Islamico deve ancora compierne due, Teheran conta su un'economia che vale 550 miliardi di dollari e Raqqa non arriva a tre, l'Iran ha un esercito efficiente e ben armato la cui punta di diamante sono i Guardiani della Rivoluzione, i pasdaran, che proteggono il programma nucleare mentre Isis possiede meno di cinquantamila miliziani che si muovono soprattutto su pick-up, gli ayatollah sciiti dispongono di una rete di istituzioni legali in più Paesi per la raccolta di fondi e la diffusione di idee a cui il Califfo risponde con un network clandestino di cellule, sostenute dall'uso efficiente del web. In sintesi, la Rivoluzione khomeinista sciita è più ricca e meglio armata di una rivoluzione islamica sunnita appena agli inizi. Si tratta di vantaggi strategici che si sommano al diverso modello istituzionale. La Repubblica Islamica si basa sulla Costituzione del 1979 che prevede un doppio sistema, con il presidente alla guida dell'apparato dello Stato ma sottomesso al leader supremo, capo religioso assoluto, dando vita a una diarchia che, se da una parte suggella la supremazia del clero sciita, dall'altra concede spazi importanti a chi non ne fa parte. Basta mettere piede a Teheran per accorgersi che la vita degli iraniani si svolge all'ombra di una rigida osservanza pubblica delle leggi khomeiniste, che vengono spesso trasgredite nella vita privata di milioni di famiglie. Nel Califfato islamico sunnita il modello istituzionale invece è rigido, basato sull'imposizione ossessiva della purezza dei comportamenti, con il leader religioso che è anche il capo dello Stato (e della struttura militare) e notevoli risorse, umane ed economiche, che vengono destinate per ottenere dai cittadini l'adesione totale all'applicazione della versione della sharia, la legge islamica, imposta dal «principe dei fedeli». L'Islam radicale sciita consente *de facto* a milioni di iraniani di violarlo, aggirarlo e beffeggiarlo all'interno delle case private perché il regime khomeinista si accontenta di dominare il Paese ed estendere l'area di influenza regionale mentre il Califfato sunnita manda le pattuglie della polizia religiosa nelle singole abitazioni, da Raqqa a Mosul, per verificare l'osservanza della sharia perché punta a ottenere la sottomissione individuale e incondizionata di ogni singolo suddito.

Ma l'apparente squilibrio a favore degli ayatollah contro il Califfo si corregge quando la disamina tocca la situazione sul terreno tattico: lo Stato Islamico, pur disponendo di mezzi minori e meno efficienti, è riuscito in un arco di tempo inferiore a ventiquattro mesi a imporre un tipo di conflitto che ha obbligato Teheran ad adattarsi all'avversario. Isis combatte una guerra che si articola in micro-guerriglie, con unità numericamente ridotte che si muovono rapidamente, puntano ad assumere il controllo di luoghi strategici e a stipulare accordi con tribù locali, creando un fronte d'offensiva frastagliato, irregolare e imprevedibile contro il quale le forze armate dell'Iran, strutturate in maniera tradizionale, si trovano in difficoltà, quando non in affanno. La contromossa di Ali Khamenei è stata assegnare la guida della campagna anti-Isis a Qassem Soleimani, il generale a capo della Forza «al-Qods», ovvero le unità speciali dei Guardiani della Rivoluzione, la cui missione è operare all'estero per addestrare, armare e spesso guidare in battaglia milizie locali, composte unicamente da sciiti. La Forza «al-Qods» nasce ben prima del Califfato – la genesi risale alla guerra Iran-Iraq del 1980 –, ma era stata impiegata da Teheran come unità paramilitare a sostegno di alleati in conflitti locali – dalla Bosnia al Libano – fino a quando il debutto militare di Isis come forza organizzata, nel giugno 2014, l'ha trasformata nel contingente più importante dell'esercito iraniano. La necessità di adattare il proprio schieramento militare in Medio Oriente a quello di Isis suggerisce quanto l'Iran consideri pericolosa la sfida del Califfato sebbene, dal punto di vista economico e istituzionale, sia in netta posizione dominante.

A giocare a vantaggio della rivoluzione di Isis è anche il fattore ideologia: quella del Califfato è nella sua fase crescente, attira seguaci arabi e occidentali disposti all'estremo sacrificio pur di imporsi sugli «infedeli» e punta alla realizzazione di uno Stato basato sulla purezza della fede sunnita, capace di accattivarsi milioni di fedeli mentre l'ideologia della Rivoluzione khomeinista è, dopo quasi quattro decadi di regime, nella sua fase calante, quasi di stagnazione, non attira più volontari, deve dedicare ingenti risorse a fronteggiare il dissenso interno e non ha un serbatoio di risorse umane paragonabile alla galassia dei salafiti sunniti. Se lo Stato Islamico attira un fiume di volontari stranieri – uomini e donne – da cinque continenti, la Repubblica Islamica deve impiegare reparti militari e ingenti risorse economiche per arruolare i miliziani sciiti, dall'Iraq all'Afghanistan, da schierare a difesa di Damasco e Baghdad. Spesso trovandosi obbligata a reclutare minorenni, vista la mancanza di combattenti adulti. È tale differenza che spiega perché sull'interpretazione della jihad come movimento rivoluzionario il Califfo appare in vantaggio rispetto agli ayatollah.

Il martirio, gli attacchi suicidi e la lotta senza tregua contro gli infedeli vennero inaugurati dagli Hezbollah sciiti negli anni Ottanta, nella guerra in Libano contro Israele seguita da simili attentati anti-occidentali in più Paesi, ma oggi sono l'indiscutibile bandiera dei jihadisti di Isis, dalle strade di Parigi alle spiagge della Tunisia. La rivoluzione islamica di Isis si è appropriata dei metodi terroristici inaugurati dai jihadisti sciiti e li adopera oggi per imporsi in Medio Oriente e Nordafrica su ogni avversario, Iran incluso. E ancora: il Califfo rappresenta l'espressione più brutale di una galassia salafita che ha le proprie origini nei Fratelli Musulmani, organizzazione islamista fondata in Egitto nel 1928 da Hasan al-Banna con l'intento di respingere la modernizzazione dell'Islam promossa dalla Turchia di Kemal Atatürk, che da allora ha generato teologi e militanti accomunati da un'ideologia che legittima la violenza contro gli infedeli e i *takfiri* e ha fatto nascere gruppi terroristici come al-Qaida di Osama bin Laden, la Jihad islamica di Ayman al-Zawahiri e al-Qaida in Iraq di Abu Musab al-Zarqawi che hanno portato ad al-Nusra e allo Stato Islamico. Alle spalle di Abu Bakr al-Baghdadi c'è un jihadismo sunnita che, pur frammentato al suo interno, condivide un ritorno alla «purezza» dei Califfi, all'origine dell'Islam da cui si legittima la campagna per l'eliminazione degli sciiti. Dal 1979 al 2014 la rivoluzione islamica sciita è potuta crescere nel mondo musulmano, attorno al rafforzamento politico-militare dell'Iran, perché si è trovata davanti regimi e monarchie, ovvero Stati di tipo tradizionale, ma la rivoluzione islamica sunnita le pone una sfida più pericolosa, contestandole con efficacia la guida della jihad globale.

Ciò che rende incandescente la sfida fra le opposte rivoluzioni islamiche è la moltiplicazione dei fronti di combattimento armato – Siria, Libano, Iraq, Arabia Saudita, Bahrein, Yemen – sullo sfondo della rivalità sunniti-sciiti che si esprime nella contrapposizione strategica fra due Stati, Arabia Saudita e Iran, leader di opposte coalizioni nel mondo musulmano in concorrenza per il dominio della regione del Golfo con le sue ingenti risorse energetiche. Da qui il rischio che il conflitto in corso fra milizie jihadiste sunnite e sciite porti a una guerra fra Stati.

Potenze regionali in conflitto

Lo scontro fra le rivoluzioni islamiche sciita e sunnita precipita il mondo arabo nell'anarchia, portando a una decomposizione degli Stati nazionali che pone le basi per un conflitto aperto fra aspiranti potenze regionali. Iraq, Siria, Yemen, Libia: sono quattro su ventidue gli Stati della Lega Araba che non esistono più a causa di una implosione di governi, parlamenti ed eserciti che ha cancellato i confini esistenti trasformando Nordafrica e Medio Oriente in uno spazio dove organizzazioni terroristiche, potenze locali e clan tribali competono nell'accaparrarsi territori e risorse al fine di imporsi.

Lo Stato Islamico di al-Baghdadi riassume e descrive questa «era dell'anarchia», come la definisce l'ex segretario della Lega Araba Amr Moussa, perché è l'epicentro dei due grandi conflitti che hanno cancellato l'ordine di Sykes-Picot, ovvero l'architettura di accordi coloniali siglati fra le potenze europee al termine della Prima guerra mondiale che andò a disegnare la mappa degli Stati arabi contemporanei.

Il primo conflitto del XXI secolo fra sunniti e sciiti ha i suoi prodromi nel 2003 dalle rovine dell'Iraq di Saddam Hussein, si estende alla Siria sfruttando la rivolta del 2011 contro il regime di Bashar Assad, sbarca in Yemen con il colpo di Stato dei ribelli houthi nel marzo 2015 e minaccia di contagiare più Stati, dal Libano al Bahrein, dal Pakistan al Kuwait, fino all'Arabia Saudita. Quasi ovunque sono gli sciiti, sostenuti dall'Iran di Ali Khamenei, a passare all'offensiva innescando nei sunniti il timore di essere travolti, fino al punto da spingerli a sostenere organizzazioni terroristiche come lo Stato Islamico e al-Qaida.

Il secondo conflitto è invece interno al mondo sunnita e vede gli Stati arabi ancora in piedi, guidati dall'Arabia Saudita di re Salman e dall'Egitto del presidente Abdel Fattah al-Sisi, in competizione con la Turchia di Recep Tayyp Erdoğan, sospettata di fomentare le rivolte islamiche per perseguire la creazione di una zona di influenza neo-ottomana con il sostegno dell'emirato del Qatar, con cui Ankara ha creato un Consiglio di cooperazione strategica. Sebbene Riyad e Il Cairo alternino fasi di attrito e dialogo nei rapporti con Ankara e Doha, la divergenza di approccio è netta: le prime sostengono i regimi esistenti, le seconde i gruppi rivoluzionari. Il Califfato è l'epicentro di questi due conflitti perché da una parte si nutre dell'odio dei sunniti contro gli sciiti – fino a predicarne il genocidio – e dall'altra si propone la distruzione dei rimanenti Stati arabi per sostituirli con un'unica Jihadland dall'Oceano Atlantico fino all'Oceano Indiano.

L'anarchia violenta che dilaga nel mondo arabo si affaccia sull'Europa dalle spiagge della Libia. Il conflitto fra il governo di Tobruk, sostenuto da egiziani e sauditi, e le milizie islamiche di Tripoli, appoggiate da turchi e qatarini, ripropone la faida in atto in Siria fra gruppi ribelli in competizione, consentendo al Califfato di inserirsi, guadagnare spazio, fare proseliti e controllare risorse, a cominciare da porti e pozzi di petrolio. Puntando a realizzare un ambizioso network jihadista africano con Boko Haram in Nigeria e gli al-Shabaab in Somalia: entrambi firmatari dell'atto di sottomissione al Califfo. Ad alimentare tale anarchia è la perdita di influenza e credibilità degli Stati Uniti di Barack Obama assieme alla convinzione di alcuni attori regionali di riuscire a sfruttare la situazione per prevalere nel ruolo di leader. L'Iran trova nell'implosione del mondo arabo lo scenario migliore per imporre i propri alleati – dagli Hezbollah libanesi agli houthi yemeniti fino alle milizie sciite irachene – sui singoli scenari di crisi. Il Califfato ha in un'ideologia basata sulla violenza più efferata lo strumento per controllare un territorio, da Aleppo a Ramadi, grande quanto la Gran Bretagna. L'Arabia Saudita costruisce attorno all'opposizione all'Iran, come al Califfato, un proprio ruolo di gendarme dello *status quo* grazie al patto con l'Egitto. E la Turchia, titolare del secondo più grande esercito della Nato, vede nella caduta di Bashar Assad la genesi di una possibile fascia di territori satelliti. Senza contare gli Emirati Arabi Uniti, la più florida e ricca monarchia del Golfo, che non esita a impiegare le forze armate – in Iraq, Libia o Yemen – per difendere i propri interessi. Il pericolo maggiore è che tali ambizioni delle cinque potenze regionali – Arabia Saudita, Iran, Turchia, Egitto ed Emirati Arabi Uniti – inneschino un conflitto non più fra etnie e tribù di fedi e ideologie rivali ma fra Stati. Le avvisaglie ci sono tutte. Nelle acque dello Yemen le navi iraniane sfidano il blocco marittimo saudita. Davanti alla Libia l'artiglieria del generale Khalifa Haftar, sostenuto da Egitto ed Emirati Arabi Uniti, colpisce le navi turche dirette verso i porti di Isis. In Siria i ribelli sunniti, addestrati da Arabia Saudita e Giordania, si alleano con le milizie islamiche filo-turche e combattono assieme contro gli Hezbollah, affiancati dalla Forza «al-Qods» nella difesa di Assad. Gli Stati rivali sono a un passo, su più campi di battaglia, dal conflitto diretto, ruotando attorno ai rispettivi alleati costituiti da milizie più o meno armate.

A conferma che il pericolo incombente è un effetto domino fra milizie e Stati, Israele ripensa la propria strategia difensiva. Pur estraneo alla guerra per il dominio dell'Islam, lo Stato ebraico è investito dall'impatto delle conseguenze. Abituato a essere circondato da una combinazione fra Stati avversari e paci fredde, si ritrova alle prese con aggressivi «attori non governativi» – come li definisce il Consiglio di sicurezza dell'Onu – su ogni frontiera: gli Hezbollah in Libano del Sud, le milizie jihadiste di al-Nusra sul Golan siriano, Hamas nella Striscia di Gaza, i jihadisti di Bayt al-Maqdis – aderenti a Isis – nel Sinai egiziano e a est la Giordania di re Abdallah instabile a causa dell'infiltrazione delle cellule del Califfo. Da qui il libro *The Nature of War* (La natura della guerra) scritto dall'ex colonnello Ron Tira, già a capo della pianificazione dell'aviazione militare israeliana, in cui si suggerisce al governo di Gerusalemme di dotarsi di «robuste protezioni fisiche per difendersi dalle infiltrazioni», «missili a lungo raggio per colpire a distanza il nemico» e al tempo stesso «prepararsi a sostenere chi difenderà i nostri interessi senza cedere alla tentazione di entrare da protagonisti nel Grande Gioco» per ridisegnare la mappa del Medio Oriente.[8] Come dire, se vi sarà una guerra regionale fra Stati dovremo sceglierci l'alleato, ma facendo ben attenzione a starne fuori.

Clan tribali e faide nel deserto

Se due rivoluzioni islamiche competono per l'eredità di Maometto, i jihadisti del Califfo perseguono un regno del terrore e cinque potenze hanno l'ambizione di esercitare un'egemonia regionale, sono etnie, tribù e clan a essere il terreno di confronto più aspro e imprevedibile della grande guerra musulmana perché costituiscono l'elemento-chiave della mappa delle popolazioni.

A dispetto delle ideologie importate dall'Europa negli ultimi centocinquant'anni, dal socialismo al panarabismo, dal fascismo alle «primavere» democratiche, arabi e musulmani restano in gran parte leali ai gruppi etnici, tribali, religiosi, settari e famigliari a cui appartengono perché la loro cultura è fortemente incentrata su tali radici, identità ed equilibri di forza.[9] La rivolta popolare in Tunisia che il 14 gennaio 2011 dà inizio alla «Primavera araba» viene letta da al-Hadi al-Timoumi, studioso della Tunisia contemporanea, come una «riaffermazione delle divisioni tribali contro lo Stato moderno» e Mohamed Abd al-Azim, docente di lingua e letteratura araba all'Università del Cairo, parla di «ritorno al tribalismo» perché «torna un senso di appartenenza non più a Stato e partito ma a città, famiglia e clan». D'altra parte sono le tribù a essere protagoniste delle guerre civili in Libia, Siria, Iraq e Yemen nonché delle rivolte del Darfur in Sudan e di Isis nel Sinai egiziano. «I cambiamenti avvenuti nel mondo arabo nel corso del Novecento sono stati solo apparenti» osserva Mustafa al-Tayr, sociologo libico, «perché non hanno raggiunto il nucleo della società e dunque gli arabi si distinguono ancora per forte tribalismo, adesione e lealtà alle tribù prevalgono sul senso di appartenenza agli Stati.»[10]

L'Iraq in proposito è un caso esemplare perché il dopo-Saddam Hussein esalta tale frammentazione. I circa ventisei milioni di cittadini si dividono in quattro articolazioni sovrapposte. Sul piano etnico fra arabi, curdi, turkmeni e persiani. Su quello religioso fra musulmani, cristiani, zoroastri, bahai, yazidi e mandei. E su quello settario i musulmani possono essere sunniti, sciiti, sufi e salafiti mentre i cristiani hanno circa otto gruppi. Ma tali suddivisioni sono a loro volta segnate da quelle tribali perché le tribù sono almeno centocinquanta, articolandosi in circa duemila clan – per l'equivalente del 75 per cento della popolazione –, ognuna delle quali si comporta come un gruppo etnico, ovvero ha un proprio dialetto, spesso un drappo e anche una sorta di inno, per non parlare del divieto ai figli di sposarsi con componenti di altre tribù. Le maggiori sono Shammar, Dulaym, Jiburi, Albu Nasir, Anizah, Zubayd e Ubayd. La più estesa ha un milione di componenti e la più piccola solo alcune migliaia: non hanno un'identità comune e, essendo in origine nomadi, mantengono forti legami con altre tribù in Siria, Giordania, Arabia Saudita, Yemen, Turchia e Stati del Golfo. Al centro di ogni tribù irachena c'è il *khams*, la famiglia estesa, ovvero tutti i figli maschi che hanno lo stesso bisnonno. Le tribù possono formare una confederazione come fecero gli Albu Nasir, a cui apparteneva Saddam Hussein, dando vita agli al-Tikriti dal nome della città natale Tikrit.[11] In Siria la realtà è assai simile: arabi, curdi, circassi e turkmeni si dividono in musulmani sunniti e sciiti, cristiani, alawiti e drusi. Le tribù sono presenti ovunque e costituiscono il 55 per cento della popolazione, dalle pianure di al-Jazira alla Valle dell'Eufrate fino ad Aleppo, al deserto di Badiya, Homs, Hama e l'area di Damasco come nel sud, a Hauran e Jabal al-Druze. Sono legate a tribù in Iraq e Giordania, alcune affermano di arrivare dall'Arabia Saudita. Fra quelle stabilite nella Valle dell'Eufrate spiccano al-Jabbour, al-Obeid, al-Ouqeidat, al-Bakara, Anza e Shamar. Gli Abazaid, a Daraa nel sud, affermano di essere in origine turchi mentre i clan del Monte Libano vengono dalla Siria meridionale. L'eredità araba è fonte di un orgoglio che evoca il nazionalismo, come nel caso dei Bani al-Marouf del Jabal al-Druze e del clan Mekad che si considerano «nobili» perché un avo venne promosso capitano nei ranghi dell'esercito ottomano.[12] In Iran la popolazione si articola in persiani, azeri, curdi, beluci, arabi e turkmeni e in Afghanistan è divisa fra kirgizi, turkmeni, nuristani, pamiri, pashtun, tagiki, hazara, uzbeki, aimak e beluci. In Libia le tribù sono almeno centoquaranta, suddivise in arabi e berberi nel nord, tuareg e tebu nel sud e nell'ovest. Ogni tribù (*qabila*) contiene all'interno una *buyut*, sottotribù, e *lahma*, gruppi famigliari, con lo *sheikh*, leader tribale, che decide politiche, guida decisioni di interesse collettivo e dirime ogni sorta di conflitti locali. In Libia il tribalismo non è solo una struttura sociale non intaccata dalle occupazioni ottomana e italiana, ma un'identità condivisa che ha superato intatta la monarchia di Idris e la Jamahiriya di Muammar Gheddafi, che si vantava di essere «Stato delle masse» e favorì apertamente la tribù a lui più vicina: la Qaddafah. Il risultato fu di spingere la Warfallah – la più grande – a sostenere nel 2011 la rivolta contro il regime. Più in generale, Gheddafi sostenne le grandi tribù di Sirte e Tripolitania, creando frizioni con quelle di Cirenaica e

Fezzan. Represse i berberi e adoperò tebu e tuareg quando gli servivano per gestire traffici o manovrare conflitti locali.[13] Il risultato è che nel sud i leader tribali ozoah e tabu, a Sabha e Kufra, lungo i confini con il Ciad, non solo dominano l'area ma si alimentano con raid e razzie oltrefrontiera.[14] In Yemen la rivolta degli houthi contro il governo del presidente Abed Rabbo Mansour Hadi nasce da un movimento fondato da una famiglia che ha lo stesso nome, originaria del governatorato di Sa'da, nel nord. La famiglia houthi appartiene al ramo zaydi dell'Islam, accusato dal governo sunnita di essere sciita nonché sostenuto da Teheran mentre gli houthi si considerano perseguitati dagli alleati dell'Arabia Saudita, feroce avversaria degli zaydi.[15] In Giordania la spina dorsale del regno hashemita sono le quattordici grandi tribù beduine, in minoranza in una popolazione nazionale di 6,7 milioni di anime, che vedono con disagio la presenza di 1,9 milioni di profughi palestinesi e oltre due milioni di profughi iracheni e siriani. La stabilità della monarchia di Amman, espressione di una tribù hashemita dell'Arabia Saudita, dipende dagli «sceicchi» beduini. Nei Territori palestinesi lo schema tribale si ripete perché singole famiglie dominano negli otto maggiori centri urbani: Gerico, Ramallah, Nablus, Jenin, Tulkarem, Qalqilya, Hebron, Gaza e Betlemme. Senza il loro sostegno né il presidente dell'Autorità nazionale palestinese Abu Mazen in Cisgiordania, né i leader di Hamas nella Striscia di Gaza possono governare i rispettivi territori. È una frammentazione che si ritrova ovunque fra i musulmani in Medio Oriente e Nordafrica con l'eccezione di alcuni Stati del Golfo perché Kuwait, Qatar e i sette micro-regni degli Emirati Arabi Uniti sono composti da abitanti di singole tribù sunnite e dunque sono i più stabili. Il Bahrein invece fa eccezione perché la maggioranza della popolazione è sciita e la monarchia è sunnita, creando forti frizioni. Ma alle spalle di Hamad bin Isa al-Khalifa, monarca di Manama, c'è un patto di ferro dovuto al fatto che le dinastie regnanti in Arabia Saudita, Bahrein e Kuwait appartengono tutte al ceppo tribale dei Banu Anaza, dell'Arabia centrale, ovvero una delle tribù più estese e antiche i cui antenati risalgono ai compagni di battaglie di Maometto e i discendenti sono presenti anche in Paesi non arabi come Iran e Turchia. In tale cornice non c'è da sorprendersi che il portale saudita di notizie «Elaph» legga con le lenti dell'eredità tribale il successo di una soap-opera nel periodo di maggiore ascolto, ovvero il mese di Ramadan, che esalta l'ex emiro del Qatar Hamad bin Khalifa al-Thani per «voler restaurare la gloria del suo antenato», ovvero Al-Qa'qa' ibn 'Amr al-Tamimi, leggendario guerriero del deserto.[16]

Ciò che più conta nella mappa delle tribù, che riemerge a dispetto degli Stati, è la riaffermazione di usi, costumi e valori come elementi-chiave della coesistenza collettiva. «La lealtà alla tribù nasce come necessità per la sopravvivenza in una vasta zona arida e secca perché nel deserto l'uomo deve far parte di una tribù al fine di proteggere le proprie sorgenti d'acqua dalle altre tribù che hanno lo stesso bisogno di acqua e questo trasforma l'"altro" in un nemico, in una figura che ci minaccia perché non è uno di "noi"» spiega Mordechai Kedar, arabista dell'Università di Bar Ilan, sottolineando come ne scaturisce una dinamica di convivenza «basata sempre sulla contrapposizione fra "noi" e "loro", il nostro gruppo contro tutti gli altri, in quanto ogni uomo è fedele fino alla morte alla sua tribù, ai suoi usi e costumi, e non a uno Stato e alle sue leggi».[17] Da cui derivano la violenza come strumento per regolare i conflitti, l'onore come simbolo di riconoscimento sociale e l'abitudine alla corruzione frutto della necessità di distribuire risorse anzitutto ai propri famigliari e membri tribali.

2

Campi di battaglia: il fronte orientale

Marcia sulla Mesopotamia

Il fronte orientale della grande guerra per l'Islam ha la trincea più lunga in Iraq. La regione dell'Anbar, nel nord-ovest, è in mano allo Stato Islamico e confina a est con il Kurdistan e a sud con i territori in mano alle forze governative di Baghdad. L'Anbar non è però un territorio compatto sotto Isis, che ne controlla fiumi, dighe e vie di comunicazione ma non tutti i centri urbani e soprattutto non gli spazi desertici. In tale cornice la caduta di Ramadi, maggiore centro sunnita, consente al Califfo di minacciare Baghdad e, per evitare il peggio, il governo iracheno affida il tentativo di riconquista della città alle milizie sciite addestrate dall'Iran.

Lo Stato Islamico sfrutta la vittoria di Ramadi per indicare nella capitale il nuovo obiettivo. Il metodo è un messaggio audio di al-Baghdadi che, esaltando le «vittorie nell'Anbar», preannuncia una marcia vittoriosa fra i fiumi della Mesopotamia fino alla «liberazione di Baghdad e Kerbala», ovvero il centro del potere governativo e la città santa sciita, affiancate come simboli del nemico. È uno sfoggio di forza per umiliare il premier Haider al-Abadi, sciita come il predecessore Nuri al-Maliki, aprendo la campagna militare per travolgere il centro e il sud del Paese. Al-Abadi percepisce la minaccia diretta e ordina alle milizie sciite di ammassarsi davanti a Ramadi per tentare di riconquistarla. È una mossa che smentisce la tattica seguita in precedenza: affidare la guerra a Isis alle truppe regolari – etnicamente miste – per evitare di spingere i sunniti nelle braccia del nemico. Era stato il Pentagono a suggerirla, dopo le violenze avvenute a Tikrit, la città sunnita terra natale dell'ex rais Saddam Hussein, che le milizie sciite hanno strappato a Isis nel marzo 2015 per poi lanciarsi in esecuzioni e saccheggi assai simili a quelli perpetrati dal Califfato.

Ma al-Abadi deve rimediare allo smacco e apre la base al-Habbaniyah ai miliziani filo-iraniani. I contingenti più agguerriti sono i reparti scelti di Hadi al-Ameri, il leader del gruppo paramilitare «Organizzazione Badr» che ha fondato le milizie popolari «Hashd al-Shaabi» e addestrato le unità scelte «Kataeb Hezbollah». Ai suoi ordini ha decine di migliaia di uomini, armati dall'Iran, addestrati dalla Forza «al-Qods» dei pasdaran e dimostratisi gli unici, in Iraq, a riuscire a battere Isis in scontri diretti. «Avrebbero dovuto ascoltarmi prima» tuona al-Ameri da al-Habbaniyah, ricordando che «non ci hanno voluto prima ma ora ci chiamano per rimediare alla situazione disastrosa». Al-Ameri si scaglia contro i leader sunniti dell'Anbar accusandoli di essere «colpevoli della perdita di Ramadi» e fa capire che, una volta ripresa la città, si occuperà di loro. È la minaccia di una sanguinosa resa dei conti che esalta la rivalità sciiti-sunniti.

Jaafar al-Hussein di «Kataeb Hezbollah» assicura che «i miei reparti sono sulla linea del fuoco ad al-Habbaniyah» e l'offensiva inizierà appena arriverà il momento opportuno. «Ripuliremo Ramadi da quei bastardi» preannuncia al-Ameri, adoperando il linguaggio che i leader sunniti temono di più.

Se il leader dei miliziani sciiti tuona è perché dietro ha Teheran. È il ministro della Difesa, Hossein Dehghan, che promette a Baghdad di «accettare ogni richiesta di aiuto contro Isis» facendo capire che nulla è precluso, neanche l'impiego di truppe regolari. Ali Akbar Velayati, consigliere della guida suprema Ali Khamenei, aggiunge: «Faremo di tutto per l'Iraq». Ciò significa che Teheran è pronta a usare gli aerei. Finora ha adoperato i jet solo per allontanare Isis dai propri confini, nella provincia di Diyala. Ma lo scenario cambia. Dentro Ramadi, Isis si prepara alla battaglia dando una caccia senza tregua a spie e sostenitori sunniti di Baghdad. Testimoni locali parlano di strade disseminate di cadaveri, esecuzioni pubbliche e cattura di leader tribali filo-governativi. C'è anche chi teme gli sciiti alle porte. È il caso di Abu Ammar, titolare di uno spaccio, che descrive così l'incubo in cui vive assieme alla sua famiglia: «Fra Isis e miliziani sciiti non c'è differenza, sono due facce della stessa medaglia, comunque andrà verremo uccisi o dovremo fuggire».[1]

Baghdad e Damasco: cantoni sciiti

Baghdad e Damasco sono entrambe assediate dallo Stato Islamico e stanno diventando dei cantoni sciiti. Si tratta di situazioni tattiche differenti, ma ad accomunarle è una strategia difensiva che ruota attorno all'impiego massiccio di milizie sciite da parte di tre leader militari: l'imam iracheno ribelle Moqtada al-Sadr, il generale siriano Fahd Jassem al-Freij, a corto di truppe, e il regista iraniano dell'Asse della resistenza, Qassem Soleimani.

Al-Sadr, già leader della rivolta sciita anti-Usa, guida

l'Esercito del Mahdi, ovvero almeno 20.000 armati con la roccaforte a Sadr City, cuore di Baghdad. Appena Ramadi è caduta, con Isis a soli 112 chilometri e il Califfo intento a preannunciare la «liberazione di Baghdad e Kerbala», è l'imam ribelle a rispondere: «Venite avanti, riempiremo la terra con i vostri cadaveri».[2] Se al-Baghdadi teorizza il genocidio degli sciiti – che sono maggioranza a Baghdad e Kerbala – al-Sadr è il leader più carismatico e violento dell'«Hashd al-Shaabi», la forza di mobilitazione popolare che riunisce 90.000 miliziani sciiti addestrati dall'Iran, agli ordini del generale Falih al-Fayyadh e di Hadi al-Ameri. Ciò significa che a difendere la capitale, e a guidare i tentativi di allontanare Isis, non sono i soldati dell'esercito governativo agli ordini del premier al-Abadi ma i miliziani che, dall'inizio della guerriglia anti-Usa nel 2003, combattono con metodi simili a quelli di Isis. I «Kataeb Hezbollah», ad esempio, dopo la presa di Tikrit hanno fatto scempio dei sunniti. Se il Califfo vuole prendere Baghdad nel sangue, al-Sadr lo aspetta con intenti analoghi.

La difesa di Damasco è in condizioni più critiche perché dopo oltre quattro anni di guerra civile l'esercito di Bashar Assad è allo stremo: dei 300.000 soldati che aveva ne sono rimasti meno della metà, a cui si aggiungono reparti regolari iraniani e almeno 125.000 miliziani sciiti – libanesi, iracheni, pakistani e afghani – dell'Asse della resistenza. È un esercito senza gli armamenti Usa lasciati all'Iraq, ridotto a difendere sacche isolate di territorio e alle prese non solo con l'avanzata di Isis da est, dopo la presa di Palmira nel maggio 2015, ma anche con quella dell'Esercito della conquista – la coalizione di ribelli sostenuti da Turchia, Qatar e Arabia Saudita – che si è impossessato della provincia di Idlib. È una morsa jihadista che tende a chiudersi su Damasco. Sono questi i motivi che spingono il ministro della Difesa siriano, Fahd Jassem al-Freij, a contare su Teheran per l'invio di reparti di terra. «L'Iran sta costruendo uno Stato dentro lo Stato in Siria come polizza di assicurazione sul dopo-Assad» spiega Charles Lister, analista del «Brookings Doha Center» in Qatar, secondo cui il crollo del regime porterebbe a un mini-Stato Hezbollah, la milizia libanese che ha cinquemila combattenti in Siria e non ha mai perso una battaglia con Isis.[3]

Che si tratti di dover coordinare le milizie sciite irachene per difendere Baghdad o di sostenere il traballante esercito siriano per salvare Damasco, a decidere con quali risorse e metodi farlo è Qassem Soleimani, il leader della Forza «al-Qods» che dal 1998 è dietro armi, addestramenti e operazioni di ogni fazione alleata di Teheran in Medio Oriente. È lui ad aver creato l'Asse della resistenza sciita e non lo nasconde. Non è un personaggio a cui piace il basso profilo. Quando nel 2007 il comandante americano David Petraeus gli rendeva la vita difficile in Iraq, reagì inviandogli un sms sul cellulare personale: «Generale, dovrebbe sapere che sono io a guidare la politica iraniana in Iraq, Libano, Gaza e Afghanistan, l'ambasciatore a Baghdad è un mio uomo e anche il prossimo lo sarà».[4] Come dire, qui comando io, comanderò sempre io nel prossimo futuro e dovete fare i conti con me.

Se allora Soleimani si muoveva di nascosto, adesso le sue foto a fianco dei miliziani, dentro e fuori Baghdad e Damasco, dilagano sul web perché vuole far sapere al Califfo che, in ultima istanza, il duello è con lui. Prevedendo una sfida di lungo termine tanto a Damasco che a Baghdad, Soleimani è l'artefice di una strategia di insediamento territoriale dei miliziani sciiti in entrambe le città: si tratta di migliaia di persone che arrivano per rimanere, ottenendo case, aprendo piccoli negozi e sempre più spesso sposandosi, creando delle famiglie. L'intento è trasformare entrambe le città in roccaforti demografiche sciite per farne la spina dorsale della penetrazione iraniana.

Lo stratagemma di Semiramide

Il Califfo manovra l'Eufrate come un'arma per dare l'assalto a Baghdad, seguendo un copione che evoca lo stratagemma con cui le armate di Semiramide conquistarono l'antica Babilonia.

Catturata Ramadi, nel maggio 2015, i miliziani dello Stato Islamico si affrettano ad assumere il controllo della diga a nord della città. Gli ingegneri al servizio del Califfo al-Baghdadi chiudono ventitré dei ventisei grandi cancelli idrici, aprendo i rimanenti tre solo per alcune ore del giorno. Il risultato è duplice: il livello del fiume aumenta nell'area di Fallujah, sotto controllo di Isis, e diminuisce davanti alle città di Khalidiyah e al-Habbaniyah, dove truppe irachene e milizie sciite erigono le difese per bloccare l'avanzata del nemico verso Baghdad. Ciò significa che i contadini dello Stato Islamico hanno più acqua per i loro campi, mentre le truppe di Haider al-Abadi non possono più contare sul fiume come barriera anti-Califfo. Il motivo è che il livello del fiume, secondo il capo della sicurezza di Khalidiyah, Ibrahim Khalaf al-Fahdawi, è «sceso di oltre un metro» rendendo possibile ai miliziani jihadisti di attraversarlo a piedi. Fino a pochi giorni prima le acque alte obbligavano Isis a progettare attacchi solo usando ponti e porti fluviali, presidiati in forze dalle truppe di Baghdad. La tattica di Isis ricorda quanto fecero i capi militari della regina Semiramide 2700 anni fa, guidando le truppe assire all'assalto di Babilonia adoperando un «brillante trucco acquatico» che, nel I secolo, Sesto Giulio Frontino, *curator aquarum*, ovvero responsabile degli acquedotti di Roma, descrisse così nel suo *Gli stratagemmi*: «Obbligarono i fiumi a correre dove volevano, al fine di avere un vantaggio». Semiramide ordinò agli ingegneri di deviare il corso dell'Eufrate per consentire al suo esercito di marciare sull'asciutto fino al cuore di una Babilonia divisa in due dai flutti. La leggenda vuole che la mitica Medea, il re persiano Serse e Alessandro il Grande ricorsero allo stesso «trucco dell'acqua» per impossessarsi di Babilonia e ora questa tattica si ritrova negli ordini di campo dei comandanti militari di Isis in Iraq. Si tratta di ex alti ufficiali delle unità speciali della Guardia repubblicana di Saddam Hussein – al pari di Abu Ali al-Anbari, capo delle operazioni Isis in Siria – che nel 2003 non ebbero il tempo di applicare contro l'esercito americano simili tattiche.

Ma ora la situazione è diversa: l'avversario non sono le veloci divisioni dei Marines bensì un esercito iracheno lento nei movimenti di terra e dunque vulnerabile agli stratagemmi degli antichi Assiri. Per Sabah Karhout, capo della provincia di Anbar, «Isis gioca sporco, facendo mancare l'acqua a donne e bambini» ma ai generali del Califfo poco importa: si affrettano a manovrare la diga come un'arma perché vogliono scompaginare i piani delle milizie sciite «Hashd al-Shaabi», obbligandole a disperdere i contingenti lungo gli argini senza poter prevedere da dove verrà l'attacco. È un espediente che gli garantisce il «fattore sorpresa» teso a ridurre l'efficacia di «Kataeb Hezbollah».

Gli spietati scontri frontali avvenuti a Tikrit sono bastati al Califfo per dedurre che l'unica maniera per battere l'avversario è obbligarlo a schierarsi su un fronte troppo vasto per le sue forze. Inizia così la battaglia per

Baghdad, il cui esito dipende dal duello fra gli spregiudicati veterani di Saddam al servizio di Isis e le milizie sciite votate al sacrificio estremo.

Telskuf, nelle trincee dei peshmerga

Sono i peshmerga curdi a tenere con le armi la frontiera più estesa con lo Stato Islamico, rendendo al contempo possibile la protezione di un Kurdistan indipendente per la prima volta da quando, nel 1920, le potenze europee ne promisero la creazione con il Trattato di Sèvres. Per oltre mille chilometri, dalla provincia di Diyala, a nord di Baghdad, fino ai confini con la Turchia, almeno centomila uomini fronteggiano i mujaheddin del Califfo su un terreno che alterna montagne e deserto, il corso del Tigri, i campi petroliferi di Kirkuk e la periferia di Mosul, la maggiore città irachena nelle mani di Isis.

Il confronto è fatto di raid, agguati e periodici tentativi di sfondamento attraverso villaggi e piccoli centri oramai deserti come Telskuf, nella provincia di Ninive, abitata fino al giugno 2014 da dodicimila cristiani, che vi risiedevano da almeno mille anni, e ora divenuta una città fantasma.

A un secolo di distanza dalla Grande Guerra in Europa è uno scenario che evoca le trincee fra Francia e Belgio con la differenza che qui i combattenti curdi hanno un duplice obiettivo: tenere lontani i nemici e avvicinare l'indipendenza. «Questo avversario è differente da ogni altro» spiega Khadar Husayn, generale dei peshmerga a Telskuf «perché insegnano ai bambini a uccidere le persone con i revolver, vanno contro ogni principio di umanità.»[5]

A trenta chilometri da Telskuf, direzione sud, c'è Mosul e una linea del fuoco che si è creata nell'estate del 2014 quando la rapida avanzata di Isis ha spinto alla fuga l'esercito iracheno e gettato lo scompiglio fra i peshmerga, che hanno perso circa ottocento uomini e sono riusciti a proteggere la capitale della loro regione autonoma, Erbil, solo grazie a un massiccio invio di rifornimenti dal Pentagono.

Quello smacco militare ancora brucia ai peshmerga, eredi dei combattenti curdi degli anni Venti e inquadrati nelle attuali formazioni dall'accordo fra il Partito democratico del Kurdistan di Masud Barzani e l'Unione patriottica del Kurdistan di Jalal Talabani a metà degli anni Novanta.

Forniture di armamenti europei e copertura aerea americana non bastano al generale Husayn per difendere Telskuf perché Isis non opera come un esercito tradizionale. Lui lo spiega così: «Quando sono in difficoltà vanno a svaligiare depositi di armi irachene nell'Anbar, quando temono di essere aggrediti ci attaccano, non agiscono mai di giorno ma preferiscono la notte, fra le tre e le quattro, per sfuggire agli aerei e si fanno strada con potenti autobombe».[6] Da qui la scelta di posizionare, davanti alle difese peshmerga, potenti luci che illuminano il terreno consentendo di identificare veicoli in arrivo. Farli esplodere a distanza è divenuto più difficile a seguito della tattica di Isis di proteggerli con lastre di metallo e ciò significa dover disporre di armi più pesanti per penetrarle.

L'altra contromossa del generale Husayn è un network di comunicazioni fra le unità peshmerga dell'area per convergere rapidamente in caso di necessità: «Servono migliaia di uomini in brevissimo tempo» perché quando Isis va all'assalto lo fa in maniera massiccia. Ciò significa che un'area apparentemente calma della trincea nel cuore della notte può trasformarsi in un inferno nell'arco di pochi minuti.

Nella stessa regione, a nord di Mosul, c'è la base «Black Tiger» guidata dal comandante Sirwan Barzani, nipote di Masud Barzani divenuto, nel 2005, il presidente della Regione autonoma del Kurdistan iracheno. È nei pressi del villaggio di Mala Qara e la maggiore preoccupazione dei combattenti «che fronteggiano la morte» – il significato del termine «peshmerga» – è nella capacità di Isis di accedere agli arsenali abbandonati dall'esercito iracheno: «Dentro c'è di tutto, sono armi lasciate dagli americani agli iracheni inclusi mortai, blindati, jeep, piccoli tank, per Isis rifornirsi equivale ad andare al supermercato».

Si tratta poi di «un nemico diverso dalla Guardia repubblicana di Saddam» perché «sfugge ai confronti tradizionali, ti attira in agguati, o nel deserto, combatte diviso per bande e usa la guerra psicologica, adoperando i video per diffondere immagini tese a spaventare i miei uomini» come ad esempio quelle in cui si minacciano orrende stragi di civili curdi, nel tentativo di spingere i peshmerga ad allontanarsi, tornare a casa e verificare che tutti siano sani e salvi.[7]

I comandanti peshmerga, che rispondono a Masud Barzani, hanno reagito allo sfondamento subito nell'estate 2014 creando posizioni fortificate, schierando artiglieria giunta da Paesi europei e formando unità capaci di insidiare Isis tanto sul fronte militare come della guerra psicologica. È il caso della Brigata femminile, che mette in difficoltà i mujaheddin intimoriti di poter essere uccisi da una donna, di unità composte da volontari stranieri – come i Leoni di Rojava – giunti da Europa, Stati Uniti e Australia per fronteggiare i *foreign fighters* del Califfo di Isis.

In totale i peshmerga iracheni superano le 190.000 unità e si articolano in una struttura militare che somma combattimento, mantenimento dell'ordine sul territorio, controllo dei confini con Turchia e Iran, lotta ai trafficanti e operazioni di intelligence. Barzani li considera l'ossatura di un'autonomia regionale – garantita dalla Costituzione irachena del post-Saddam – che impedisce alle forze di Baghdad di entrare in Kurdistan e rende possibile immaginare l'indipendenza agognata dalla fine della Prima guerra mondiale.

I peshmerga iracheni sono al centro di un network di collaborazione con le unità militari curde nei Paesi confinanti: il «Rojava» è la regione della Siria orientale liberata dal regime di Assad dove è in corso il tentativo di ripetere il modello di autonomia semi-indipendente di Erbil, Kobane è la cittadina siriana ai confini con la Turchia che le Unità di protezione popolare (Ypg) hanno strappato a Isis grazie all'arrivo dei peshmerga iracheni, il Partito per la vita libera del Kurdistan (Pjak) opera illegalmente in Iran e il Partito dei lavoratori curdi (Pkk) è al centro di rapporti altalenanti con la Turchia di Recep Tayyp Erdoğan, alternando negoziati, accordi e guerra aperta.

Nel complesso, la strategia di Barzani sembra voler ottenere più armamenti possibile dalla coalizione anti-Isis per consolidare la frontiera di mille chilometri e proteggere la semi-indipendenza, aiutando al tempo stesso gli altri gruppi curdi a rafforzarsi ma senza esporsi più del necessario. Forse con l'eccezione di quanto sta avvenendo lungo il confine fra Siria e Turchia, dove i combattenti delle Ypg tentano di consolidare il controllo di una fascia di territorio, da Kobane a Qamislo passando per Tell Abyad, in grado di diventare una zona cuscinetto fra l'esercito di Ankara e il Califfato.

È questa la genesi di un possibile Kurdistan indipendente fra Turchia, Iran, Iraq e Siria capace di riunire quasi trentatré milioni di curdi innescando una scossa tellurica in tutto il Medio Oriente.

Dwekh Nawsha, i guerriglieri cristiani

Vittime dell'esodo forzato da Ninive, alleati dei peshmerga curdi, dotati di poche armi ma con grande motivazione personale e determinati a riconquistare la città perduta di Qaraqosh: sono i miliziani di Dwekh Nawsha, ovvero l'unità militare composta dagli assiri-cristiani iracheni che hanno deciso di battersi contro lo Stato Islamico in Iraq «per restare nella nostra terra». «Dwekh Nawsha» in lingua aramaica significa «coloro che si sacrificano».

Quando nell'estate del 2014 i jihadisti del Califfo al-Baghdadi conquistano Mosul e dilagano nel nord dell'Iraq, una delle prime vittime è la comunità cristiana della regione di Ninive. Duecentomila anime, costrette a una fuga precipitosa per evitare di doversi convertire o sottomettersi alle angherie dei jihadisti. Si trasferiscono in massa, con ogni mezzo, nelle adiacenti regioni sotto il controllo dei peshmerga curdi e molti di loro scelgono come nuova residenza la periferia di Erbil, capitale della Regione autonoma del Kurdistan, dove creano propri campi. È qui che Albert Kisso decide di non accettare l'esodo forzato da Qaraqosh, la più grande città cristiana ora abbandonata. Riunisce un gruppo di uomini e donne accomunati dalla volontà di battersi, si presenta dai comandanti peshmerga e ottiene luce verde per la formazione della milizia armata.

«Non vogliamo abbandonare la terra dove siamo nati, abbiamo vissuto e pregato» dice Batool Airyagoos, parlando da uno dei campi profughi cristiani di Erbil. L'orgoglio nasce dalla consapevolezza degli assiri di risiedere in Iraq da tremila anni, ovvero ben prima della conquista araba e della nascita di Maometto. Athra Kado, arruolatasi nei Dwekh Nawsha, parla di «terre che ci appartengono da sempre e da dove una banda di criminali sanguinari non riuscirà a cacciarci».[8] Da qui il patto per battersi assieme, a dispetto delle fedeltà a partiti politici differenti come anche delle divisioni fra chi vede il proprio futuro sotto la sovranità irachena o curda. «Ciò che conta è riconquistare le nostre città e villaggi, per poi controllarli fino a quando il peggio non sarà passato, trasformandoli in una regione autonoma» riassume un combattente che afferma di chiamarsi Kado e conta su «cooperazione, addestramento e armi che riceviamo dalle forze del Kurdistan».

Albert Kisso, comandante dei miliziani «che si sacrificano», precisa: «La verità è che non ci aiuta nessuno, ma noi ci battiamo lo stesso». In tutto si tratta di duecento volontari ma è un numero in crescita grazie all'arrivo di volontari stranieri e al sostegno finanziario garantito dalla diaspora assira, soprattutto negli Stati Uniti.

I *foreign fighters* cristiani arrivano da Usa, Gran Bretagna e Australia. Fra costoro c'è un ex Marine, veterano dell'Operazione «Enduring Freedom» del 2001 in Afghanistan, di nome Louis: «Sono qui da sei mesi e aiuto a combattere Isis».[9] Ma indossare la divisa assira non è stato facile «perché i peshmerga hanno fatto resistenza, mi hanno fatto aspettare, non gradiscono l'arrivo di volontari stranieri in Kurdistan».

Le unità dei miliziani cristiani svolgono più missioni: raccolta dati sul terreno, pianificazione di operazioni e agguati contro Isis con tecniche da commando. «I volontari stranieri sono molto utili» afferma Emmanuel Khoshaba, segretario generale del Partito patriottico assiro, «perché hanno esperienza di combattimenti in zona di guerra e si rivelano ottimi istruttori.»

Sulla linea del fronte, nelle pianure di Ninive, «quelli che si sacrificano» si muovono in unità miste assieme ai peshmerga, usando mitragliatrici pesanti e mortai. L'operazione per riconquistare i villaggi perduti non è ancora iniziata ma Khoshaba afferma che «l'esistenza di una nostra milizia ha già avuto l'effetto di ridare fiducia alla nostra gente» perché «ora sappiamo che lasceremo le tende, torneremo nelle nostre case e il cristianesimo non sarà cancellato dalla terra irachena».[10]

Il rais e l'arma dei dollari

Assediato da sconfitte militari, con le avanguardie del Califfo a settanta chilometri da Damasco e le milizie islamiche dell'Esercito della conquista nella strategica provincia di Idlib, Bashar Assad tenta di far sopravvivere ciò che resta del regime: consolida con i dollari il controllo dei territori della Siria ancora in suo possesso e prepara una controffensiva affidata a truppe iraniane e milizie sciite. Ciò che più conta per il rais sono i dollari. La visita a Damasco di Ali Akbar Velayati del maggio 2015 coincide con l'annuncio da parte di Hayan Salman, fidato consigliere economico, di una «linea di credito da Teheran di un miliardo di dollari» visto che «i precedenti 3,6 miliardi sono quasi esauriti». Salman spiega che i nuovi fondi serviranno a «garantire il flusso di beni», ovvero greggio, elettricità e cibo per un regime che controlla oramai meno del 30 per cento del territorio nazionale.

Ma in realtà i crediti iraniani servono ad Assad per qualcosa di assai più importante: distribuire le «carte d'onore» ai famigliari dei soldati caduti per fargli avere cure e trasporti gratis; pagare bonus mensili da venti dollari a impiegati e pensionati; versare «riparazioni» ai fedelissimi che hanno avuto le case distrutte dai ribelli. Assad adopera fiumi di denaro per puntellare il consenso di ciò che resta del regime – dalla costa alawita ad Aleppo, da Damasco a Homs – perché è da queste famiglie che vengono i militari necessari per la strategia della resistenza fino all'ultimo uomo. Si tratta di truppe scelte e molto motivate: sanno adoperare più tipi di armamenti e si battono all'estremo perché difendono ciò che resta del loro mondo, consapevoli che la sconfitta implica morte e distruzione per le proprie famiglie. Si tratta dei reparti della Guardia repubblicana agli ordini del fratello di Bashar, Maher, delle unità speciali Forza «Tigre» del colonnello Suheil al-Hassan e della brigata «Falchi del Deserto» di Ayman e Mohammed Jaber. Proteggere con dollari e fedelissimi ciò che resta della Siria del Baath – il partito-Stato ereditato nel 2000 dal padre Hafez – è un tutt'uno con la pianificazione della controffensiva, affidata alle milizie sciite.

Il contrattacco siriano vuole impedire ai ribelli di imbottigliare Damasco: da nord con le milizie islamiche dell'Esercito della conquista a cui al-Nusra appartiene, da est con lo Stato Islamico e da sud con i filo-occidentali. L'indicatore di quanto sta avvenendo è il discorso del 5 maggio 2015 con cui Hassan Nasrallah, leader di Hezbollah, ammette: «Perderemo se Assad cadrà». Il partito libanese Hezbollah ha almeno cinquemila uomini in Siria, accelera il reclutamento di sciiti – anche giovani – e ha creato unità di volontari di drusi e cristiani. L'intento è dare vita a una poderosa fanteria d'assalto sul modello delle unità che espugnarono Qusayr nel giugno 2013, destinata ad affiancarsi alle milizie sciite – irachene, afghane e pakistane – che già contano 10-15.000 uomini. Il regista di questo mini-esercito sciita è, ancora una volta, Qassem Soleimani, il generale iraniano della Forza «al-Qods». La somma fra aerei, tank, artiglieria, depositi di gas e truppe scelte di Assad con queste milizie sciite consente di avere le risorse per il contrattacco, il cui intento è di infliggere ai ribelli jihadisti uno smacco tale da esaltare il ruolo di Assad come anti-Califfo, restituendo fiato all'opzione politica per la fine della guerra, sostenuta dal più strategico alleato di Damasco: Vladimir Putin.

Latakia, trampolino russo

Con l'intervento militare in Siria, la Russia di Vladimir Putin si propone di recitare un ruolo di primo piano nella ridefinizione degli equilibri di potere in Medio Oriente e Nordafrica resi possibili dall'implosione degli Stati post-coloniali. Il ponte aereo affidato ai giganteschi Antonov «Condor» recapita a Latakia, dal 1° settembre 2015, uomini e mezzi militari tesi nel breve periodo a evitare il collasso del regime di Bashar Assad, blindando le regioni alawite, e nel medio termine a estendere le aree di territorio in mano al regime riconquistando il più possibile di zone perdute, ma ciò che più conta per Mosca è l'opportunità di strappare agli Stati Uniti il ruolo di potenza decisiva sui futuri assetti regionali.

Ex agente del Kgb durante la Guerra Fredda e veterano dell'ex Germania Est, Putin ricorda lo smacco dell'Urss di Mikhail Gorbaciov, incapace di evitare nel 1991 la Prima guerra del Golfo contro Saddam Hussein, e ha poi vissuto come ulteriori umiliazioni – anche ai suoi danni – gli interventi militari americani in Iraq, nel 2003, e in Libia, nel 2011 assieme alla Nato, perché hanno portato all'eliminazione di fatto della Russia dalla mappa strategica del mondo arabo. Le ultime basi dell'intelligence russa in Medio Oriente si trovano nei territori controllati da Assad – sulla costa a Tartus c'è l'unico porto rimasto alla flotta russa nel Mar Mediterraneo – ed è da queste piattaforme logistiche che Putin vuole far rinascere l'influenza russa.

Per riuscirci gioca una partita ambiziosa su più fronti: Teheran è il suo primo alleato, militare ed economico, nella difesa a oltranza del regime di Assad; l'Iraq del premier sciita Haider al-Abadi ospita il centro di coordinamento di intelligence fra russi e alleati regionali; agli Hezbollah libanesi e ai peshmerga curdi fa arrivare forniture militari; con il governo israeliano di Benjamin Netanyahu crea un «coordinamento militare» basato sullo scambio di informazioni sensibili e sulla volontà di garantire la sicurezza del milione di russi cittadini dello Stato ebraico per trasformarli in una testa di ponte russofona nella regione; con l'Egitto di Abdel Fattah al-Sisi sigla forniture militari, alimentari e il piano per lo sviluppo del nucleare civile. È una rete di accordi a cui lavora a pieno ritmo Mikhail Bogdanov, il viceministro degli Esteri che parla arabo ed ebraico, al fianco di Sergej Lavrov e di un ristretto gruppo di consiglieri militari pronti a muovere con rapidità unità navali e dei Marines del Mar Nero per dare visibilità alla proiezione di potenza.

Ciò che rende credibile questo slancio di Putin agli occhi di leader e militari in Medio Oriente è la determinazione – e il ricorso alla forza – con cui difende i propri alleati: che si tratti dei russofoni di Crimea o del regime di Assad in Siria, Mosca non lesina risorse, militari o finanziarie, così come si espone a duelli internazionali con l'Occidente, anche al prezzo di subire pesanti sanzioni. Il risultato è la percezione, nel mondo arabo-musulmano come in Israele, di un leader determinato a riportare la Russia allo *status* di super-potenza.

Su questa strada gli ostacoli per il Cremlino vengono anzitutto dalle maggiori potenze sunnite – Arabia Saudita e Turchia – il cui interesse è rovesciare Assad per impedire all'Iran di realizzare una «mezzaluna sciita» di territori contigui controllati da propri alleati dal Golfo al Mediterraneo. Riyad e Ankara vedono in Mosca un alleato strategico di Teheran in questo tentativo di estendere la propria egemonia in tutto il Medio Oriente e il duello che ne deriva può avere conseguenze, militari e politiche, imprevedibili.

Ma non è tutto, perché Putin persegue anche interessi più strettamente nazionali. Ecco di cosa si tratta. Primo: la creazione di una propria area di influenza economica dove siglare accordi energetici e commerciali capaci di costituire un'alternativa all'indebolimento dei rapporti con l'Europa e gli Stati Uniti a causa della crisi ucraina, destinata a durare nel tempo. Secondo: l'eliminazione di migliaia di *foreign fighters* di origine russa presenti nei ranghi dei gruppi jihadisti, da Isis ad al-Qaida, che Mosca considera un pericolo per la propria sicurezza a causa del rischio che tornando in patria compiano attentati terroristici e, ancor peggio, diffondano il verbo della jihad nella popolazione russa di fede musulmana. Terzo: la possibilità di sfruttare il Medio Oriente come carta per ridefinire i rapporti con l'Europa, spingendo i leader dell'Ue a considerare la Russia come una potenza mediterranea, garante della lotta al terrorismo e del controllo dei profughi nonché protagonista di una nuova generazione di accordi energetici. In ultima istanza è proprio questo ritorno da protagonista politico degli equilibri nel Mediterraneo a essere l'obiettivo-chiave del posizionamento delle truppe sul trampolino di Latakia, con una mossa che comporta anche pericoli perché espone Mosca al rischio di attacchi jihadisti.

Se il Califfo diffonde online immagini della Cattedrale di San Basilio in fiamme è perché vuole incendiare Mosca e «portare la morte a Putin».[11] Ma sono rischi che non frenano il Cremlino perché il fine è di rubare quanto più spazio strategico all'America nel tempo che manca al giorno in cui Barack Obama lascerà lo Studio Ovale, il 20 gennaio 2017. Sotto questo aspetto l'aggressività di Putin nei confronti di Obama evoca quella di Leonid Brezhnev con Jimmy Carter nell'ultimo scorcio della sua presidenza, fra il 1978 e il 1979, quando l'Urss si impossessò del Nicaragua con la rivoluzione sandinista e dell'Afghanistan con l'Armata Rossa: oggi come allora il Cremlino percepisce che la debolezza del presidente Usa uscente offre un'occasione preziosa per allargare la propria sfera di influenza, in attesa dell'arrivo del suo successore. Ma se Brezhnev fallì nel rendere irreversibili i vantaggi tattici accumulati su Carter, dall'America Latina all'Afghanistan, al punto da assistere dieci anni dopo all'implosione dell'Urss, Putin vuole fare di meglio: riuscire nell'impresa di porre il nuovo presidente Usa davanti a una situazione strategica talmente compromessa da non essere più recuperabile. Vuole dunque cambiare l'equilibrio di potenza fra Mosca e Washington.

In tale cornice c'è anche un aspetto ideologico della scommessa di Putin perché quando Lavrov afferma che «il caos in Medio Oriente è frutto degli interventi Usa in Iraq nel 2003 e in Libia nel 2011» fa capire che se l'Occidente abbatte i dittatori sognando ingenuamente di sostituirli con la democrazia parlamentare, la Russia invece li difende, considerandoli un'alternativa preferibile all'anarchia.

Vladimir Putin non si propone tuttavia solo di salvare Bashar Assad, sconfiggere Isis e diventare l'artefice dei nuovi equilibri in Medio Oriente. C'è anche un altro obiettivo, molto ambizioso, che ha a che vedere con il rapporto della Russia con il mondo arabo. Non è mai stato facile, anche quando durante la Guerra Fredda l'Urss era per molte capitali un'alleanza strategica contro gli Stati Uniti. Gamal Abdel Nasser chiamò i sovietici, gli fece costruire la diga di Assuan sul Nilo e usò le loro armi per combattere Israele, ma gli egiziani non li amarono mai.

Sulle rive del Mediterraneo facevano il bagno in spiagge separate. Appena Anwar Sadat, successore di Nasser, fu in grado di farlo, li cacciò. Quando gli israeliani, il 30 luglio 1970, tesero un'imboscata nel Sinai ai Mig sovietici – abbattendone cinque, nell'Operazione «Rimon 20» – i piloti egiziani stapparono bottiglie di champagne, non avendo mai gradito i rimproveri ricevuti dai superiori dell'Armata Rossa per la cocente umiliazione subita nella Guerra dei sei giorni del 1967.

In Siria, con Hafez Assad, e in Iraq, con Saddam Hussein, le cose non andarono diversamente: il Cremlino era un alleato potente e dunque da rispettare, ma troppo invadente, aggressivo. E per di più i suoi ufficiali, ambasciatori e agenti segreti non rispettavano gli interlocutori arabi, trattandoli da vassalli, dipendenti. Quando Leonid Brezhnev invase l'Afghanistan la rottura divenne palese perché l'Armata Rossa aveva violato la sovranità di un Paese musulmano.

L'Urss non ha mai potuto o forse non ha mai voluto conquistare i cuori e le menti degli arabi, e più in generale dei musulmani. Ed è proprio su questo terreno che ora Putin si propone di riuscire. Facendo leva su un tema semplice e poderoso: la lotta senza quartiere allo Stato Islamico che minaccia tutti, sciiti e sunniti. Rischiando le vite di piloti, soldati e agenti segreti nella guerra al Califfo, esponendosi al duello con l'Occidente pur di bombardare Raqqa e difendendo la costa alawita come la Crimea russofona, Putin intende dimostrare agli arabi che ha a cuore la loro sicurezza, e il loro futuro, come nessun altro leader straniero. E poiché mette sul piatto accordi su energia, armi, forniture alimentari e infrastrutture di valore strategico, il messaggio è voler costruire un futuro comune.

Non è un caso che, assieme agli aerei da caccia Sukhoi

schierati in bellavista sulla pista di Latakia, in Medio Oriente si siano moltiplicate le trasmissioni in lingua araba di «Russia Today», la tv di Mosca seguita a Gaza, Baghdad e Amman come fonte di notizie vere, credibili e non inquinate. Se a questo si aggiungono i giornalai della Corniche di Beirut o del Lungo-Nilo del Cairo che amano mettere negli scaffali i magazine arabi con in prima pagina le gesta di Vladimir non è difficile arrivare a comprendere come il ritorno della Russia in Medio Oriente vada ben oltre la difesa di ciò che resta del regime degli Assad.

La conferma della strategia di Putin di ricorrere a una sorta di «soft power» russo per mettere radici in Medio Oriente viene dalle caratteristiche del legame con Israele. A parole, il ministro degli Esteri russo Sergej Lavrov, sposa la linea arabo-palestinese più intransigente sui temi del negoziato in Medio Oriente, ma quando sta a Putin parlare, sceglie una formula diversa. In occasione dell'incontro al Cremlino con il premier Benjamin Netanyahu, Putin dice a chiare lettere che «la sicurezza del milione di cittadini ex Urss che vivono in Israele» è «nei nostri interessi». È un linguaggio che evoca il legame identitario con la Crimea e nasce dal fatto che «Israele è l'unico Paese russofono fuori dai confini dell'ex Urss», come osserva l'ex ministro degli Esteri israeliano Avigdor Lieberman, nonché il solo non-Urss dove – a Netanya – è stato eretto un monumento ai caduti nella «Grande Guerra Patriottica» contro il nazifascismo. La scelta di Putin di indicare il legame con Israele nella presenza di un milione di russofoni guarda assai più in là delle convergenze di Realpolitik con Netanyahu sulla Siria. Sono i tasselli del «soft power» russo a far intendere che Putin sta pianificando un ritorno di lungo termine della Russia nello spazio che va da Suez a Hormuz.

Manbij, enclave cecena

Quando i jet russi iniziano, a fine settembre 2015, a compiere missioni e attacchi al suolo, fra i primi obiettivi ci sono le basi di Ajnad al-Kavkaz. Si trovano nella provincia di Latakia, a poco più di venti chilometri dalle basi aeree russe, e ospitano i miliziani di Abdul Hakim al-Shishani. Sono ceceni, vengono dal nord del Caucaso, in alcuni casi si tratta di veterani della guerra contro la Russia, e aderiscono all'Emirato islamico del Caucaso, ovvero il gruppo jihadista di cittadini ex sovietici che ha giurato fedeltà ad Ayman al-Zawahiri, successore di Bin Laden alla guida di al-Qaida.

Per Mosca l'Emirato islamico del Caucaso è un nemico dichiarato, una minaccia diretta e nota alla sicurezza nazionale perché composta da jihadisti ex sovietici capaci di combattere in ambienti molto ostili. Fra loro c'è Jund al-Sham di Murad Margoshvili, altrimenti noto come Muslim al-Shishani. Il fatto di operare nella provincia di Latakia, roccaforte di Assad perché abitata in prevalenza da alawiti, dimostra la loro pericolosità: sono la punta più avanzata dei jihadisti anti-regime. Sanno combattere sulle montagne e sono spietati. Ma sono solo la prima delle tre costole dei circa settemila «ex sovietici jihadisti» che Putin vuole eliminare per evitare che possano tornare in Russia per compiere attentati o divulgare l'ideologia jihadista.

Nei ranghi di Jabhat al-Nusra ci sono ceceni e tagiki inquadrati nel Jaysh al-Mujahideen al-Ansar, collegato a due gruppi uzbeki – Imam Bukhari Jamaat e Katibat al-Tawhid wal-Jihad – che operano ad Aleppo e Qalamun. Al-Nusra li ha usati per insediarsi nella provincia di Idlib e conquistare importanti posizioni attorno alla città di Aleppo. Ciò che li distingue dai ceceni di al-Qaida è il fatto di essere combattenti caucasici che hanno accettato di avere comandanti arabi. È uno degli elementi che differenzia al-Nusra: lascia sempre al comando degli arabi, spesso sauditi ma non solo. D'altra parte non aveva molte alternative: il comandante storico dei ceceni di al-Nusra era Abu Omar al-Shishani ma ha tradito, giurando fedeltà al Califfato e portandosi dietro molti dei miliziani di cui si fidava di più. Proprio attorno ad al-Shishani si è creata a Raqqa una sorta di colonia cecena con aree di resistenza, eventi collettivi, moschee e una piramide di comando da cui dipendono le cellule di frontiera, ovvero i jihadisti che hanno scelto di creare delle enclave di Isis ad Al-Bab e Manbij. In entrambi i casi si tratta dell'area di Aleppo, ovvero della spina dorsale dell'Esercito di Dabiq, creato da Abu Omar al-Shishani, nell'attesa dell'apocalittico scontro con l'Occidente nell'omonima località al confine fra Siria e Turchia.

Altri ceceni di Isis servono nel Jaysh al-Usra, ovvero un «esercito di emergenza» che invia le proprie unità a fronteggiare situazioni impreviste di pericolo per Isis agli estremi opposti del proprio territorio, in Siria come in Iraq. Questa sorta di «truppe speciali» sono una creazione personale di al-Shishani, uno spietato ceceno di origini georgiane.[12]

In realtà Abu Omar al-Shishani si chiama Tarkhan Batirashvili, ed è un ex ufficiale delle truppe speciali georgiane che si fecero onore contro i russi nel 2008. È nato e cresciuto nella Valle di Pankisi, si è avvicinato all'Islam in una moschea finanziata dai sauditi ed è stato addestrato da istruttori Usa in Georgia. L'«eroismo» dimostrato contro l'invasione russa portò gli Stati Uniti a volerlo nel contingente georgiano inviato in Iraq dopo la caduta di Saddam Hussein, ma Tbilisi si oppose: «Ci serve qui». Nel 2012 Batirashvili lasciò la Georgia per la Turchia, con un gruppo di quindici ex truppe speciali che raggiunsero i jihadisti in Siria, trasformandosi nell'ossatura del contingente ceceno oggi diviso fra Isis, al-Nusra e al-Qaida.[13] Guardando a questi tre diversi tipi di jihadisti del Caucaso ci si accorge che i rispettivi comandi – al-Qaida, al-Nusra e Isis – tendono a posizionarli nelle zone più a rischio, dove i combattimenti sono più aspri e gli eventi imprevedibili. Perché si tratta di guerriglieri duri, esperti, feroci che Dmitrij Medvedev, premier russo, definisce «doveroso combattere perché è nel nostro interesse nazionale».

È una vicenda che spiega perché l'intervento di Putin in Siria ha una dimensione interna russa. Il Cremlino teme che i veterani della Brigata internazionale islamica della battaglia di Grozny – la città cecena rasa al suolo dai russi nel 2000 – cerchino una rivincita sul terreno di battaglia siriano oppure, come spiega Putin ad Assad incontrandolo al Cremlino il 21 ottobre 2015, puntino a sfruttare competenza militare e indottrinamento ideologico per attaccare la Federazione russa.[14] L'intento russo di eliminare tutti i jihadisti caucasici presenti in Siria si scontra con difficoltà non solo militari – si tratta di gruppi non numerosi, ben organizzati e abili con le armi – ma anche col fatto che i ceceni hanno alle spalle un legame con il Medio Oriente. A differenza dei *foreign fighters* che arrivano da Europa, America, Africa ed Estremo Oriente, i caucasici si «sentono a casa» in questo angolo del Pianeta. Il motivo è che per centinaia di anni i ceceni si sono concentrati, geograficamente, all'incrocio fra l'Impero russo e quello ottomano: dal XVII al XIX secolo si sono trovati al centro dei confitti fra i grandi rivali della regione e quando nel XX secolo, dopo l'affermazione di Atatürk in Turchia, vennero cacciati dall'entroterra la scelta fu di rifugiarsi nella profondità delle antiche province ottomane, a cominciare da Giordania, Siria e Iraq dove trovarono presto i beduini come rivali.[15]

Valle dell'Oronte, crocefissi proibiti

«Davanti al Male ci si sente impotenti.» Pierbattista Pizzaballa, Custode di Terra Santa, è un testimone della persecuzione dei cristiani in Siria. Il viaggio che fa nelle zone devastate dalla guerra civile lo porta a descrivere qualcosa di talmente brutale da evocare l'Apocalisse. La sua voce si interrompe quando parla delle croci smantellate nella Valle dell'Oronte in mano ad al-Nusra o del sequestro del frate Dhiya Aziz da parte di un imprecisato «emiro» jihadista.

Pizzaballa entra in Siria dal Libano, al confine nord, e fa la prima tappa a Latakia, sulla costa roccaforte degli alawiti di Bashar Assad, dove «il maggior problema sono i black out elettrici». Poi raggiunge Homs, la città sunnita roccaforte della rivolta contro il regime, che trova «completamente devastata», disseminata di «palazzi distrutti», «strade coperte dai detriti» e «morte ovunque». È il percorso che lo porta ad Aleppo, dove si vive sotto le bombe, con ultima tappa Damasco, «via di mezzo fra Latakia e Aleppo perché al centro il problema è la corrente mentre nelle periferie c'è distruzione». Il commento è limpido: «La Siria che conoscevo non c'è più. Davanti a tanto male, orrore, odio, morte ho provato un senso di impotenza». Indossando il saio incontra i cristiani di Aleppo, che descrive così: «Prima della guerra erano 300.000, ne sono rimasti 40.000. Sono andato nelle case, li ho trovati con le valigie pronte per partire. Molti vogliono andarsene, in città i bombardamenti sono incessanti. Hanno imparato a riconoscere le esplosioni, sanno se sono del governo o dei ribelli. Quando ci sono stragi, cristiani e musulmani contano solo i propri morti, non quelli altrui. Anche pregando in chiesa si sentono le bombe. I più sono assuefatti ma c'è chi tradisce tic nervosi. Manca cibo, sono in povertà, le madri nascondono gli acciacchi ai figli. C'è incertezza su ciò che avverrà. Ma c'è anche chi aiuta il prossimo, spostando gli ospiti di una casa per anziani per farli stare in luoghi sicuri». La città può cadere nelle mani jihadiste e «i cristiani ne discutono in continuazione perché tutti sanno cosa avviene in Iraq, dove i cristiani a nord di Baghdad non ci sono più», ma «l'opinione prevalente è aspettare e vedere cosa accadrà prima di decidere, anche se molti temono il peggio e vogliono andare via».

Chi fugge va a Latakia, dove ci sono migliaia di cristiani sfollati. Chi lascia Damasco fa lo stesso. Ma a Latakia mancano lavoro e case, i cristiani devono trovare le scuole per i figli, rimediare cibo per sfamare le famiglie, vivono nella precarietà, si espongono a seri rischi. Incontrando i frati ad Aleppo, Latakia e Damasco, Pizzaballa afferma di «averli ascoltati perché loro sanno bene cosa fare». Ovvero: «Il loro compito è essere pastori, restare con il gregge. Se si tratta di andare via, bisogna essere gli ultimi a farlo ma senza rischiare la vita». In Siria ci sono al momento quindici frati, «incluso Dhiya Aziz del villaggio di Yacoubieh nella Valle dell'Oronte, scomparso nel nulla da quando l'emiro locale lo ha convocato. È un'area dove c'erano tre villaggi cristiani, uno è stato completamente distrutto, ne restano due». Padre Aziz, quarantun anni di Mosul, probabilmente è stato rapito. «Ci parlavo al telefono quando andava con la sim turca vicino al confine» racconta Pizzaballa «e mi disse di aver parlato con l'emiro, che gli aveva detto di togliere tutti i simboli cristiani perché "è meglio per te". Aziz lo aveva fatto, essendo "una persona prudente", ma non è bastato e la

Custodia di Terra Santa chiede aiuto a più Paesi, inclusa la Turchia, per riuscire a capire dove si trovi.» Al centro della vicenda c'è un misterioso «emiro» «iracheno, o ceceno, che in passato è stato in Egitto e rappresenta al-Nusra che occupa questi villaggi ritenendoli strategici perché sono sulla strada che porta al confine turco». Al-Nusra è diversa da Daesh (acronimo arabo di Isis, ovvero al-Dawla al-Islamiyya fi al-Iraq wa al-Sham). Sotto Daesh i cristiani non possono rimanere, con al-Nusra i diritti sono solo dei musulmani ma i cristiani sono tollerati. La conseguenza è che gli «emiri» di al-Nusra non segnano le case con la vernice rossa – o nera – né impongono tasse di sottomissione. Sono meno ridigi e più affaristi. Ma c'è qualcosa a cui tengono più di altro: «Chiedono ai cristiani di togliere le immagini religiose e di non usare il vino nelle messe». Ciò significa che i frati hanno dovuto togliere le croci dalle chiese, così come i cristiani hanno dovuto levare croci, statue e immagini religiose, di qualsiasi tipo, anche dalle case private» sottolinea Pizzaballa, specificando però che «i contadini sono ingegnosi: le hanno ricoperte con veli di gesso» per proteggerle dai jihadisti. Le statue invece «vengono riposte al chiuso». Al-Nusra aveva impedito ai contadini di lavorare nei campi ma ora glielo permette. Negli incontri con l'«emiro» il religioso della Custodia di Terra Santa non parla di fede ma solo dei fedeli, di ciò di cui hanno bisogno. La pressione psicologica è forte. Immergendosi in questa realtà, Pizzaballa ha maturato la convinzione che «è la fine di un'epoca, assomiglia alla Prima guerra mondiale per l'Europa».

Non è una crisi di passaggio. Il cristianesimo in Medio Oriente è già stato più volte potato ma non è mai finito del tutto. Sarà così anche adesso. «Mi sento impotente davanti al Male assoluto: per quanto ci sforziamo non siamo padroni della nostra Storia. Ma in questo mare vedo tanti giovani, solidi. Finché ci sono persone così non è tutto perduto» sottolinea il sacerdote francescano. «In Giordania e Libano si chiedono: "Avverrà anche qui?". C'è pathos collettivo, incertezza su coloro di cui ci si può fidare. La Chiesa deve stare con i fedeli, bisogna rispettare chi resta e chi parte. E pensare al dopo, anche se ora è presto per farlo.»

Combattere nella Bekaa

Una striscia di terra di centoquaranta chilometri sulla cima delle montagne libanesi a nord della Valle della Bekaa segna il confine con la Siria: è qui che lo Stato Islamico si è insediato, appropriandosi di un angolo remoto del Paese dei Cedri dove accumula miliziani, risorse e ostaggi dando battaglia contro le truppe del governo sostenute dagli Hezbollah. È un'area strategica perché consente ai jihadisti di Isis e Jabhat al-Nusra, qui alleati fra loro, di minacciare sette centri urbani a valle: Masna, Britel, Yunin, Nahle, Arsal, Ras Baalbek e al-Qaa.

Fra i pochi che conoscono a menadito gli imprecisi confini dell'enclave del Califfato in Libano c'è Talal Iskandar, capo dell'unità della Croce rossa internazionale che opera a Ras Baalbek soccorrendo i feriti in battaglia fra Isis e libanesi. «Abbiamo iniziato a lavorare qui alla fine del 2012. La fase più cruenta è scattata nell'autunno scorso, abbiamo ricevuto circa tremila combattenti feriti delle opposte parti» spiega Iskandar «e il ritmo continua a sessanta-settanta la settimana, non passa giorno senza scontri lungo il fronte fra truppe e Isis.»

Per arrivare all'area di combattimento bisogna lasciarsi alle spalle il piccolo appartamento della Cri a Ras Baalbek, fare ottocento metri, raggiungere una stazione di benzina e girare a sinistra. Dopo otto chilometri si arriva alle due «zone sicure» dove la Cri raccoglie i feriti, libanesi e di Isis, e quindi al centro della cittadina sunnita che formalmente è ancora in mano ai governativi, pur esprimendo sostegno a Isis con scritte e bandiere. È quando si lascia il centro di Arsal in direzione delle montagne che si supera la frontiera invisibile con il Califfato di al-Baghdadi. «Sul lato di Isis vi sono piccoli villaggi isolati, accampamenti di profughi, un tribunale che amministra la giustizia sulla base della sharia e altri uffici di Isis» racconta Iskandar, citando le testimonianze raccolte da feriti e malati che ogni giorno gli chiedono di andarli a soccorrere nella zona militare chiusa dai soldati.

Isis ha più volte fatto sapere di voler dichiarare la nascita di un «emirato» ad Arsal per sfidare l'autorità del governo di Beirut. L'opinione dei comandi Hezbollah di Baalbek è che «i terroristi mischiano le carte per combattere meglio». Ovvero, si avvicina il momento della resa dei conti. Isis si prepara facendo salire, dal lato siriano, grappoli di miliziani, accumulando scorte di viveri e munizioni per sostenere lo scontro, mentre gli Hezbollah, che considerano la Valle della Bekaa la loro culla, si preparano sul fronte opposto a un'«operazione pulizia» – come la chiama un ufficiale di quarantacinque anni che chiede l'anonimato – per «annientare il nemico». Fra le carte da giocare in mano ai jihadisti ci sono i quasi trenta soldati libanesi in ostaggio da agosto 2014, quattro dei quali sono stati già decapitati. Uno di loro era Mohammed Hamie, venticinque anni, figlio di Maruf, veterano sciita della guerra civile, che dalla sua casa di Baalbek auspica «una sanguinosa vendetta contro Isis». «Gli assassini di mio figlio sono dei barbari e il Libano deve reagire come ha fatto la Giordania dopo il pilota arso vivo» aggiunge il padre, seduto accanto agli altri tre figli e a un kalashnikov, riferendosi a Muath al-Kasasbeh ucciso da Isis con le fiamme dentro una gabbia, «colpendo Isis con potenza, impiccando i terroristi che abbiamo in carcere e usando i jet per distruggerli ad Arsal.» Maruf è pronto a fare la sua parte: «So chi ha ucciso mio figlio, è stato l'emiro di Isis ad Arsal» assicura. «Si tratta di Mustafa Hujairi, detto Abu Taqie, ed è un morto che cammina, è lui ad aver ordinato la decapitazione e sarà lui che ucciderò, dopo avergli però ucciso il figlio per fargli provare, da vivo, ciò che ho provato io.»

È sempre per il desiderio di vendicarsi, di combattere, che, a pochi chilometri di distanza, a Britel, Adel Islaim ha imbracciato il kalashnikov per difendere il villaggio dall'attacco di Isis. «Erano circa le tredici, ho ricevuto un messaggio su WhatsApp sull'arrivo di Isis, ho preso il fucile e sono sceso in strada» ricorda. «Eravamo quattromila, tutti gli uomini del villaggio, e gli siamo andati incontro.» I miliziani del Califfato dalle vette colpivano con i mortai, sono scesi a valle e hanno ucciso otto Hezbollah prima di essere ricacciati indietro. Fra gli Hezbollah accorsi a dar manforte ai residenti c'era Mohammed al-Masri, di professione poliziotto. Sale sul tetto di una casa per mostrarci da dove è arrivato l'attacco: «Ci siamo difesi con kalashnikov, G3 e lanciarazzi Rpg ma sappiamo che tenteranno di tornare».

Nel nord della Bekaa è Hezbollah che coordina la difesa del fronte sulle montagne, davanti alle bandiere nere del Califfo, mentre a valle l'unica strada maestra che porta a Beirut è sorvegliata da soldati, polizia e intelligence libanesi. I posti di blocco sono decine.

Nel villaggio cristiano di Ksara gli abitanti si sentono assediati: «Sono gli Hezbollah a proteggerci perché Isis vuole ucciderci tutti» dice Munir Dika, medico. I militari cercano ovunque giovani, auto affittate o siriani barbuti. Danno la caccia alle autobombe che Isis, già in sei occasioni, è riuscito a far scendere da Arsal e arrivare nella capitale, facendole esplodere a Dahieh, il quartiere-roccaforte degli sciiti. Basta entrarvi, da uno dei due accessi rimasti aperti, per accorgersi che Hezbollah lo ha trasformato in un bunker dove vivono almeno 500.000 anime. Il perimetro esterno è segnato da cavalli di frisia di metallo pesante, gli accessi chiusi sono bloccati da massi di cemento e dentro Dahieh le strade commerciali hanno alle estremità delle grandi sbarre di ferro che possono essere chiuse in ogni momento per bloccare la corsa di un'autobomba. L'ospedale al-Rasul al-Azzam, dove Hezbollah ricovera i combattenti feriti in Libano, è circondato da torrette e filo spinato. Pattuglie notturne sciite sorvegliano il perimetro esterno dei vicini campi palestinesi di Sabra e Chatila per evitare che fuoriescano sunniti jihadisti. C'è il sospetto che gruppi islamici abbiano nei campi delle cellule alleate di Isis. I miliziani sciiti in pantofole e kalashnikov davanti alla casa dello sceicco Hassan Nasrallah, al centro reclute, al punto di partenza dei pullman per il fronte in Siria e alle sedi di Hezbollah completano un quadro da assedio permanente, dove le pareti e le finestre sono adornate di poster con le foto dei caduti «eroi», dai «martiri» morti in Siria fino a Imad e Jihad Mughniyeh, padre e figlio protagonisti della guerra senza quartiere contro Israele, eliminati entrambi dallo Stato ebraico, e raffigurati assieme, mentre camminano verso il paradiso.

«Ma il conflitto contro Isis è diverso da quelli che finora abbiamo combattuto» osserva Hamza Akl Hamieh, l'ex collaboratore dell'ayatollah iraniano Khomeini nell'esilio di Parigi divenuto capo militare di Amal, il «movimento dei diseredati» fondato dall'imam sciita Musa al-Sadr in Libano e meglio noto in Europa per aver messo a segno una raffica di dirottamenti aerei dal 1979 al 1982. «Dobbiamo difendere il Libano da una tribù di assassini che si richiama ai sanguinari Califfi Abbasidi, sarà dura ma perderanno.»

Sul molo costellato di yacht del porto Zaitunay Bay, in un elegante ristorante davanti a cernia al sale e triglie fritte, è uno degli imprenditori diventati ricchi grazie a Hezbollah a leggere nel duello con Isis «un momento di svolta per il Medio Oriente» perché «sono i nostri miliziani sciiti, libanesi, iracheni, afghani a dominare sui campi di battaglia, da Aleppo a Mosul, e ciò significa che la storia corre verso l'Iran a scapito del blocco di Paesi sunniti, a cominciare dall'Arabia Saudita, che finanzia il Califfo sperando di fermarci, e dalla Turchia che vuole ricostruire l'Impero ottomano». Da qui i preparativi in corso per riconquistare il lembo di territorio nelle mani di Isis sui monti della Bekaa: il tam-tam di Dahieh suggerisce che sono centinaia i soldati Hezbollah già addestrati per l'operazione, tanto dal lato libanese che siriano del confine, e l'ordine avuto è di «non prendere prigionieri». Fra i veterani della battaglia di Qusayr c'è chi prevede scontri aspri: «Quelli di Isis sono avversari disumani, vanno incontro alle pallottole senza mostrare alcun timore».

Fra i profughi di Zahle

Se la Valle della Bekaa è una pentola a pressione pronta a esplodere è perché la guerriglia sui monti fra Hezbollah e Isis si somma, nei centri urbani, all'emergenza profughi. Sessanta dollari di affitto al mese per vivere sotto una tenda: è quanto pagano oltre 200.000 profughi siriani che risiedono in Libano in quelli che la Croce rossa internazionale definisce «insediamenti informali».

Per capire di cosa si tratta bisogna arrivare a Zahle, cittadina cristiana alle porte della Valle della Bekaa dove una dozzina di volontari della Croce rossa si occupano di fornire aiuto a una tipologia di profughi affatto comune. «I siriani che hanno varcato la frontiera non vengono considerati rifugiati dal governo libanese» spiega Yusef Abu Farah, capo dei volontari, «ma alla stregua di turisti, campeggiatori.» Dunque non esistono campi di accoglienza gestiti da organizzazioni umanitarie – come avviene in Turchia o Giordania – perché i siriani vanno dove vogliono. In questa maniera ne sono entrati, dall'inizio della guerra civile nel marzo 2011, oltre due milioni anche grazie al fatto che – in base ai rapporti bilaterali particolarmente stretti – bastava mostrare la carta d'identità per superare il confine. Da agosto 2014, il governo di Beirut ha imposto i visti e il flusso si è molto ridotto. «Ma chi sta già dentro in qualche maniera si arrangia» spiega Tommaso Della Longa, portavoce della Croce rossa italiana. «C'è chi va ad abitare da parenti o amici, chi affitta case in città, chi riesce a lavorare o chi invece resta ai margini.»

Negli «insediamenti informali» – che per adesso sono 1470 – risiedono proprio i più poveri fra i disperati: famiglie fuggite dalla guerra senza alcun legame o conoscenza in Libano, e senza lavoro. Nasce così la formula del «campeggio», come ironicamente la definiscono i giornali libanesi, ovvero i profughi arrivano da un proprietario terriero locale e gli offrono di prendere in affitto un angolo della sua proprietà per accamparsi con la famiglia: il prezzo di mercato di una tenda di cinque metri quadrati è l'equivalente di sessanta dollari al mese, a cui il proprietario ne aggiunge poi in media altri cinquanta per l'acqua e l'elettricità. Quando un proprietario destina il terreno agricolo alle tende dei profughi nasce un «insediamento informale»: a Zahle ve ne sono una dozzina e vi vivono

3470 siriani. Sono così tanti a causa delle loro famiglie, assai numerose perché in media un uomo ha due mogli e fra quindici e ventisei figli. I nuclei con meno di nove figli vengono considerati «piccoli».

In uno dei terreni affittati a Zahle è sorta una «comunità» di un centinaio di famiglie che ha nominato Hussein Kalef Assale suo «rappresentante», ovvero una sorta di sindaco. Ha trentun anni, anch'egli due mogli, e ha l'incarico di comunicare alle Ong umanitarie come possono aiutare i «turisti permanenti». Ad esempio, hanno eretto degli argini contro le inondazioni – causate dallo scioglimento della neve – e iniziato a costruire tubature rudimentali di plastica per trasportare l'acqua dalle cisterne fin dentro le tende. «A Idlib facevo il falegname» racconta Kalef Assale. «Siamo andati via tre anni fa quando i soldati governativi hanno inondato i campi per ostacolare i ribelli e qui a Zahle ogni giorno cerco i soldi per pagare l'affitto.» Ad aiutarlo è la prima moglie, che di professione fa la sarta e ha trasformato un angolo della tenda in un mini-laboratorio per riparazioni. Le tende da cinque metri quadrati hanno una struttura standard: un piccolo ambiente comune, due camere da letto per le mogli con i rispettivi figli e un'altra stanza – o corridoio – per cucinare. Le latrine sono esterne, fornite dalle Ong. Arrivare al mattino significa trovare l'«insediamento informale» deserto: gli uomini dalle cinque sono agli incroci di Zahle per offrirsi come manodopera per i lavori più umili e le donne vanno nei campi – spesso dello stesso proprietario terriero da cui affittano – per una paga di circa cinque dollari al giorno. Ciò che manca in questi «campeggi» per disperati siriani sono le scuole, asili compresi. Il motivo è l'alto numero dei bambini – oltre duecentocinquanta a insediamento – a fronte di totale carenza di insegnanti. Il risultato è l'analfabetismo dilagante, a differenza di quanto avviene per i siriani riusciti a insediarsi nelle città, dove invece le scuole pubbliche accolgono i più piccoli, seppur in corsi *ad hoc* solo pomeridiani.

Fra le ultime famiglie arrivate a Zahle dalla Siria c'è quella di Gazzi Assale, sempre di Idlib, con moglie e due figli in tenera età. In patria faceva il cantante, allietando con melodie orientali le feste di matrimoni. «Era un bel lavoro, rendeva non male ma si è rivelata la mia disgrazia» ammette, spiegando che «in Siria, alla festa, di notte l'abitudine era cantare le lodi di Bashar Assad», così dunque lui viene ora identificato con il regime. «Passeranno anni prima di poter tornare e qui in Libano cantare inni patriottici siriani non ha molto senso» dice con evidente sconforto. Ad appena ventotto anni sente che «la mia vita è già finita» e non riesce a sperare in un futuro migliore «perché la mia patria è contesa fra un brutale dittatore e i criminali violenti di Isis». Come dire: entrambi sono il Male.

Accompagnandoci verso l'uscita del «campeggio di Zahle», Yusef Abu Farah tiene a spiegare perché «questa situazione prepara il disastro»: «Il totale dei profughi siriani, nonostante il nuovo regime dei visti, cresce di continuo e si avvicina pericolosamente al numero dei cittadini libanesi, che temono il peggio perché tutti gli uomini siriani hanno fatto almeno tre anni di servizio militare» mentre in Libano la leva è volontaria e dunque «se i profughi volessero, potrebbero trasformarsi presto in un esercito pro-Assad dentro il Libano». Ecco perché «da queste parti il peggio deve ancora venire» assicurano i volontari della Cri.

Monte Avital, vista su al-Nusra

Il monte Avital è l'ultimo lembo di Golan controllato da Israele prima delle posizioni di Jabhat al-Nusra in Siria.

A valle, fra le bandiere con la stella di Davide e i drappi neri della jihad ci sono poche decine di metri. Le pendici della montagna segnano la linea di armistizio, concordata dopo la Guerra del Kippur del 1973, che si è trasformata nel confine con i jihadisti alleati dello Stato Islamico del Califfo al-Baghdadi. Il posto di frontiera è a ridosso delle rovine della vecchia Quneitra dove al-Nusra ha una base logistica da quando ha cacciato i soldati di Bashar Assad. «Sono arrivati in trecento uomini» afferma Eyal Zisser, il direttore del dipartimento di storia del Medio Oriente e dell'Africa dell'Università di Tel Aviv, «e il regime non ha avuto forza e volontà per affrontarli.»

A sorvegliare la guerra civile siriana dalla base di Tzahal, l'esercito israeliano, su questa vetta, a 1204 metri di altezza, c'è Ofek Buchris, il generale di brigata al comando della divisione «Bashan» creata per fronteggiare le conseguenze della dissoluzione del regime di Damasco. Mitra a tracolla, kippah sul capo, cultura araba e humor anglosassone, Buchris descrive quanto avviene nel Golan siriano grazie a mappe interattive sulle trasformazioni avvenute: «Quindici mesi fa sull'altro lato c'erano due divisioni siriane, la 90ª e 61ª, adesso al loro posto c'è al-Nusra che controlla l'85 per cento dei sessantanove chilometri di frontiera. Ma i maggiori pericoli per noi arrivano dal restante 15 per cento». Il riferimento è all'area di Hader, all'estremo nord del Golan, «da dove abbiamo subito quindici attacchi». È l'unica zona di confine ancora in mano al regime «e chi ci attacca è un nuovo nemico» afferma il generale, spiegando che «si tratta di siriani che adoperano armi di Hezbollah e vengono addestrati da istruttori iraniani». Ma spesso gli ufficiali iraniani si avvicinano al confine, accompagnati da Hezbollah e uomini dello sciita-libanese Samir Kuntar, già responsabile di più attentati contro Israele negli anni Settanta, per compiere azioni contro lo Stato ebraico, dai lanci di razzi Grad a ordigni-trappola lungo il confine e «altre azioni offensive». «Abbiamo subito quattro feriti e i danni potevano essere maggiori» racconta il generale, mostrando un filmato nel quale si vedono tre uomini di al-Nusra tagliare il filo spinato del confine per posizionare in territorio israeliano venti chili di esplosivo. È l'analisi degli ordigni adoperati da questo «nuovo nemico» che porta a Hezbollah in Libano. La regia di quanto sta avvenendo è a Teheran, impegnata a creare in Siria «una nuova organizzazione combattente» contro Israele, sfruttando il know-how di Hezbollah. «Hassan Nasrallah chiude un occhio su quanto sta avvenendo» sottolinea il militare. In pieno accordo con le valutazioni di Buchris è un pari grado dell'esercito giordano, Fayez al-Doueiriche, che alla tv araba Al Hadath afferma, senza troppe remore, che «l'Iran sta creando in Siria un'organizzazione gemella di Hezbollah, riunendo volontari sciiti iracheni e afghani, grazie agli istruttori della Forza "al-Qods" comandata dal generale Qassem Soleimani». L'intento di Teheran è sostenere l'esercito di Assad, che ha perso quasi 200.000 uomini – fra morti e diserzioni – dall'inizio della guerra civile nel 2011 e le conseguenze di questa strategia si affacciano nell'area del piccolo centro di Hader, aggiungendo un nuovo tassello alle tensioni militari fra Gerusalemme e Teheran. Per Amman «Soleimani è il vero regista della campagna di Assad» e il sospetto è che stia ponendo le premesse per raddoppiare sul Golan siriano la minaccia contro Israele, che già incombe dal Libano del Sud.

Riguardo al restante 85 per cento del confine, il comandante di «Bashan» spiega: «Al momento al-Nusra non ci lancia contro neanche un proiettile perché ha interesse ad avere un fianco sicuro mentre combatte contro Assad, ma ha già detto, in maniera inequivocabile, che quando il rais sarà deposto attaccheranno Israele». È un conflitto che «può iniziare fra un giorno, una settimana, un anno, un decennio o mai» e per «essere pronti in ogni momento» le forze di difesa israeliane eseguono esercitazioni che simulano possibili attacchi di guerriglia: infiltrazioni di gruppi armati, fino a duecento miliziani, sostenuti da lanci di mortai per colpire in profondità. «Quando al-Nusra ci attaccherà, lo farà puntando a causarci pesanti danni.» Da qui il monitoraggio, capillare, di ogni movimento oltrefrontiera, che avviene con apparecchiature elettroniche, satelliti e anche vedette, visto che il teatro delle operazioni del Golan si estende fisicamente proprio davanti al monte Avital. Fra i video ottenuti ve ne sono alcuni che mostrano al-Nusra raccogliere mine israeliane e siriane posizionate durante e dopo la Guerra del Kippur. Nelle immagini si vede un camion pieno di mine israeliane. «Appena ci siamo accorti di cosa stavano facendo gli abbiamo mandato un messaggio chiaro, e ora non lo fanno più» puntualizza Buchris, senza specificare i contenuti trasmessi ad al-Nusra. «Se c'è una cosa che sappiamo fare è farci comprendere da chi si trova in questa regione» assicura Buchris, che sceglie un linguaggio prudente riguardo alle forze di Assad: «Dall'inizio della guerra civile in oltre cento occasioni siamo stati raggiunti da colpi di fuoco siriani, ma si è sempre trattato di errori» e dunque Israele non ha reagito. L'eccezione è il Mig abbattuto sui cieli del Golan: «Aveva superato la linea di demarcazione e trattandosi di un aereo era troppo pericoloso, non potevamo fare altro che colpirlo».

A giudicare da quanto si vede da questa vetta, il pericolo non è ciò che resta del regime di Assad ma la nuova guerriglia filo-iraniana, in attesa del primo conflitto diretto con i jihadisti sunniti.

Mafraq, elicotteri contro pick-up

Infiltrazioni di terra contro elicotteri: è il conflitto di attrito che si combatte lungo i confini della Giordania con lo Stato Islamico. I miliziani del Califfo sono nell'Anbar sul lato iracheno del posto di confine di Turaibil, a breve distanza da Ar Ruwayshid, e controllano entrambi i lati di Al Tanf, confine fra Siria e Iraq, ovvero due Stati che oramai esistono solo sulla carta. Ciò significa che l'area orientale della Giordania confina, tanto a est che a nord, con zone in mano a Isis. Si tratta di regioni dove il Califfato è in grado di gestire basi, accumulare risorse e operare senza affanno perché le forze governative si sono sciolte come neve al sole.

In Iraq la strada che va dal confine a Ramadi, passando attraverso Rutba, è nelle mani dei jihadisti, riusciti senza troppi affanni a respingere i tentativi di Baghdad di rientrare a Ramadi. In Siria, la caduta di Palmira ha creato un'area desertica, fino al confine di Al Tanf, dove non ci sono ostacoli al Califfato. Tutto questo è una minaccia diretta per la sicurezza del regno hashemita in quanto sono almeno 2500 i cittadini giordani nei ranghi dello Stato Islamico e tentano con crescente frequenza di infiltrarsi nella patria d'origine. Anche al prezzo di farsi saltare in aria contro i posti di confine, come avvenuto a Turaibil.[16]

La contromossa di Amman è schierare almeno diecimila soldati lungo i confini del Mafraq, trasformando l'estremità orientale di un governatorato di 26.000 chilometri quadrati in una vasta zona di sicurezza dove i consiglieri militari di Paesi alleati – occidentali e arabi – sostano in permanenza per coadiuvare le operazioni di difesa. La capacità dell'aviazione giordana di eliminare pick-up e mezzi blindati che superano i confini ha portato all'eliminazione di dozzine di veicoli dello Stato Islamico, ma si tratta di una minaccia che tende a crescere di intensità. Si spiega così la decisione del governo israeliano di fornire ad Amman sedici elicotteri Cobra – di produzione americana – che si vanno a sommare ai venticinque già nei ranghi della Royal Jordanian Air Force. Il Pentagono ha condiviso e avallato la consegna dei Cobra da Gerusalemme ad Amman perché si tratta dello strumento tattico finora dimostratosi più efficace per proteggere i confini.[17] Operando sulla base della sorveglianza satellitare degli Stati Uniti che, ventiquattro ore su ventiquattro, monitora quanto avviene nei territori a ridosso della Giordania.

E non è tutto, perché lungo la frontiera giordana con la Siria le forze di sicurezza hashemite hanno creato una barriera elettronica – basata su sensori e sorveglianza armata – che permette di avvistare qualsiasi uomo o animale che si avvicina, a una distanza di almeno cinque chilometri.

La guerra d'attrito fra pick-up ed elicotteri non consente errori alle forze giordane, il cui maggiore timore è che miliziani jihadisti possano infiltrarsi fino ai grandi campi di profughi siriani – anzitutto Zaatari ma anche Azraq – per compiere attentati o creare cellule clandestine armate al fine di destabilizzare il regno.

Zaatari si trova a oltre due ore di macchina a nord di Amman e l'imponente dispiegamento di forze che circonda il campo dimostra la situazione di allerta permanente. Un altro accorgimento che il governo di Amman adotta è l'identificazione capillare di ogni singolo profugo siriano, al fine di stabilirne la provenienza geografica, l'appartenenza etnico-tribale e quindi anche, assai spesso, l'affiliazione politica. Sono oltre 800.000 i profughi siriani e «sono lo strumento grazie al quale Isis immagina di poter destabilizzare la Giordania» spiega l'esperto di anti-terrorismo Hassan Bu Hanyia, parlando di «pericolo assai reale» perché «il Califfato prevede la sua costante espansione naturale» e ciò significa usare Iraq e Siria per puntare su Amman.[18]

La strategia della guerra d'attrito consente ai militari giordani di emettere periodici bollettini nei quali descrivono le perdite inflitte al nemico ma Oraib al-Rantawi, analista giordano di questioni sulla sicurezza, parla di «scelta rischiosa» perché «non possiamo permetterci il lusso di aspettare e monitorare quando il pericolo si avvicina alle nostre camere da letto ed è diventato una minaccia strategica». E a provarlo ci sono i video in cui Isis mostra i jihadisti con cinture esplosive e passaporti giordani per suggerire quanto ha in mente. La conseguenza è una situazione di allerta permanente che investe la capitale Amman, dove la presenza di forze di sicurezza è diventata significativa – di giorno e di notte – nel timore di attentati contro moschee, centri commerciali, cinema, alberghi o luoghi di ritrovo. «Non possiamo escludere la possibilità di subire gravi attentati perché il Califfato considera la famiglia reale giordana» spiega Marwan Shehadeh, esperto di gruppi islamici ad Amman, «parte dei governanti "corrotti" e "infedeli" del mondo arabo.»[19]

La possibilità di un indebolimento, o ancor peggio collasso, della Giordania è considerata da Israele una minaccia alla propria sicurezza. Per questo il premier Benjamin Netanyahu afferma che «i nostri confini orientali sono con l'Iraq», garantendo a re Abdallah ogni tipo di sostegno militare, e al contempo avvia la costruzione lungo la Valle del Giordano di una barriera di sicurezza destinata a proteggere dalle infiltrazioni jihadiste tanto gli israeliani quanto i palestinesi.[20]

Assalto all'Haramayn

L'assalto del Califfo all'Arabia Saudita inizia con Yazeed Mohammed Abdulrahman Abu Nayyan e Nawaf bin Sharif Samir al-Enezi. Sono due dei circa settemila sauditi che hanno scelto di battersi contro la monarchia wahhabita, entrando nei ranghi dello Stato Islamico: sono entrambi ventenni e seguono strade parallele per contribuire a liberare l'Haramayn, il termine con cui il Califfo indica l'Arabia Saudita come «terra dei due santuari», ovvero delle città sacre della Mecca e Medina.

Abu Nayyan compie la scelta jihadista quando si trova negli Stati Uniti per un periodo di studi. Diventa un ribelle, lo arrestano perché rifiuta di spegnere una sigaretta elettronica in aereo e viene rispedito in patria dove si affretta a contattare Isis, dicendosi pronto a combattere in Siria. Ma chi raccoglie il suo volontariato gli suggerisce un'altra strada: «Battiti dove ti trovi». Cosa che fa il 24 aprile 2015, uccidendo a sangue freddo due poliziotti del regno prima di essere catturato. Samir al-Enezi è il suo complice e ha seguito un percorso diverso: volontario in Siria e poi, una volta tornato, incaricato di colpire come può l'Haramayn.[21]

Adoperare il termine «Haramayn» significa privare di ogni legittimità il regno fondato da Abdel Aziz al-Saud nel 1932, trattando l'Arabia Saudita alla stregua di una leadership di impostori che si è impossessata dei luoghi più santi dell'Islam. La ricostruzione dell'agguato ai due poliziotti di Riyad da parte di Abu Nayyan e Samir al-Enezi è frutto delle indagini sull'attentato del 22 maggio 2015, quando un kamikaze di Isis si fa esplodere nella moschea sciita di Qatif causando una strage che il Califfato rivendica con la cellula «Provincia di Najd», ovvero il nome islamico delle aree orientali della Penisola arabica.

Nei mesi che seguono vengono colpite altre moschee, in Arabia Saudita e Kuwait, ed emerge anche un'altra cellula, la «Provincia di Hijaz», che rivendica gli attacchi sul lato orientale della Penisola arabica. Il Califfo ha suddiviso l'Haramayn in più teatri di operazioni, puntando a creare un network capace di operare anche negli altri Emirati della Penisola. A cominciare dal Bahrein, dove i kamikaze fanno tappa per rifornirsi di esplosivi da usare negli attacchi.[22]

L'uso dei termini Hijaz e Najd – che assieme ad Asir e Hasa erano alcuni degli emirati preesistenti all'Arabia Saudita – rientra nel richiamo alle origini territoriali delle tribù del deserto, facendo apparire il regno wahhabita come una sorta di incidente della Storia. D'altra parte alcune delle tribù del nord dell'Arabia Saudita hanno legami secolari con altri clan presenti in Iraq e Siria. È una geografia alternativa che vede, ad esempio, la grande tribù saudita degli Shammar imparentata con gli Hasakah in Siria e i Jabal Sinjar in Iraq, costituendo canali di contatto, dialogo e possibile cooperazione che sfuggono alle autorità di governo.[23]

È per impedire a tale network del deserto di indebolire la famiglia reale che avvengono retate di arresti di jihadisti in Arabia Saudita, Kuwait e Bahrein facendo emergere una rete di fiancheggiatori dello Stato Islamico che raggiunge le 7000 unità[24] presentandosi come il più vasto contingente arabo del Califfato, superiore a quello di Tunisia (5000) e Giordania (2500). È a loro che il Califfo al-Baghdadi si rivolge incitandoli a «colpire l'Haramayn perché è qui che si trova la testa del serpente e la roccaforte della malattia», suggerendo di «sfoderare la spada e divorziare dalla vita per far mancare ogni sicurezza a Saloul», ovvero la leadership corrotta dell'Arabia Saudita.[25] Il termine «Saloul» non potrebbe indicare maggiore disprezzo per gli al-Saud in quanto al-Saloul era il nome della famiglia che controllava il santuario pagano di Kaaba alla Mecca nel periodo pre-islamico e dunque è un sinonimo di infedele, impostore, ateo, responsabile di sacrilegi nella culla della fede islamica.

Ciò che Riyad più teme è la congiunzione fra tale ideologia jihadista, le cellule che operano dentro il regno e le infiltrazioni di terroristi provenienti da fuori, dunque in primo luogo dall'Iraq. È questa la genesi della scelta di costruire un'imponente muraglia di sicurezza lungo i 965 chilometri di confine con l'Iraq che vanno da Turaif a Hafar al-Batin. Si tratta di due barriere di filo spinato, realizzate a cento metri di distanza, disseminate da sensori e sorvegliate da pattuglie armate lungo un percorso incentrato su quaranta torrette blindate dotate di radar, visori notturni e sistemi avanzati di sorveglianza, comando e controllo per monitorare qualsiasi movimento a ridosso del confine. Ciò significa che le vedette militari saudite, a costruzione ultimata, saranno in grado di osservare qualsiasi essere umano che cammina a diciotto chilometri dalla frontiera, qualsiasi veicolo su ruote a ventidue e qualsiasi aereo a ventisette. È un sistema, con fibre ottiche per le comunicazioni e armi convenzionali per la difesa, destinato a creare una zona cuscinetto *de facto* in territorio iracheno, consentendo alle truppe saudite di intervenire contro potenziali minacce prima che arrivino sul territorio nazionale.[26] Il tutto gestito da un contingente di 30.000 uomini armati che Isis bersaglia con attacchi sporadici – infliggendo vittime – nel tentativo di ostacolare il completamento del sistema difensivo e di aumentare la pressione sul regno wahhabita.[27] Il duello sull'Haramayn è appena iniziato.

Bahrein, l'arcipelago conteso

È l'implosione dell'Iraq dopo la caduta di Saddam Hussein nel 2003 che apre la stagione del confronto diretto fra Arabia Saudita e Iran per l'egemonia sul Golfo. È una contesa che interessa più aree di crisi contemporaneamente ma in nessun luogo è più rovente che nell'arcipelago del Bahrein.

Con una popolazione al 70-75 per cento composta da sciiti e una monarchia legata alle tribù dell'odierna Arabia Saudita, il Bahrein è il terreno di scontro più diretto fra i due giganti del Golfo, arrivati quasi a collidere cinque anni fa e ora di nuovo in fibrillazione. Nel febbraio 2011 l'opposizione sciita punta sulle «Primavere arabe», scende in piazza chiedendo riforme e contesta la monarchia, che sopravvive solo grazie all'arrivo in forze dei blindati sauditi attraverso il lungo ponte autostradale King Fahd, costruito dai due Paesi sunniti nel 1986 per annullare la distanza di sedici chilometri fra le trentatré isole dell'arcipelago e la terraferma wahhabita. Il legame autostradale è una scelta strategica che nasce dalle origini degli al-Khalifa, tribù regnante in Bahrein, che nel XVIII secolo arriva dal Qatar e caccia i dominatori persiani con il sostegno delle tribù dell'Arabia.[28] È una genesi che spiega perché gli sciiti locali si sentono i veri eredi degli abitanti originari, d'ascendenza persiana, e la monarchia si considera parte della Penisola arabica. Di conseguenza gli al-Khalifa dubitano della fedeltà degli sciiti, considerandoli troppo vicini all'Iran, e gli sciiti guardano spesso al re come se fosse una sorta di impostore.

È una tensione che risale all'epoca dello shah ma che la Rivoluzione khomeinista esalta, portando a un domino di crisi locali che va dalla naturalizzazione di sunniti stranieri – per bilanciare la crescita demografica degli sciiti – alla genesi di gruppi di opposizione arrivati a sostenere la necessità di abbattere la monarchia. Il tutto immerso in una realtà che vede i sauditi recarsi con frequenza in Bahrein, per ragioni di business come la vendita del petrolio ma anche di svago per l'atmosfera occidentale, e Teheran rivendicare con forza che «il Bahrein è parte inseparabile dell'Iran».[29] Gli al-Khalifa ritengono che Teheran punti a rovesciarli sin dal 1981, quando accusarono il Fronte islamico per la liberazione del Bahrein di aver ordito un colpo di Stato su istigazione dei Guardiani della Rivoluzione khomeinista.[30] In effetti golpisti e pasdaran erano accomunati da ideologia islamica, struttura logistica e addestramento militare.[31] E da allora l'Arabia Saudita teme che l'Iran abbia in mente di ripetere simili tentativi di infiltrazione nelle proprie comunità sciite, che si trovano nelle regioni orientali proprio a ridosso della costa che guarda al Bahrein. Dove ha anche sede, a Manama, il quartier generale della Quinta Flotta Usa.

Quando, il 14 febbraio 2011, i manifestanti del Bahrein occupano la Pearl Roundabout della capitale, invocando le riforme, gli al-Khalifa e i sauditi temono una riproposizione del 1981 e reagiscono in maniera energica: facendo intervenire i tank di Riyad con un contingente di oltre mille uomini sostenuto da unità di Qatar ed Emirati Arabi Uniti. In un Paese di 1,2 milioni di persone equivale a una mini-invasione.

La missione ha l'avallo del Consiglio di cooperazione del Golfo – in cui siedono le monarchie sunnite della regione – che afferma di voler «sostenere il governo legittimo e spingere l'Iran a non intromettersi».[32] Ma il risultato è di esacerbare le tensioni religiose perché l'intervento porta non solo alla repressione delle proteste, ma anche alla distruzione di almeno trentotto moschee sciite.

Nel tentativo di placare il malumore popolare che ne scaturisce, il re Hamad affida a Mahmoud Cherif Bassiouni, giurista egiziano-americano esperto di diritti umani, il compito di redigere un rapporto sulle violenze avvenute nel regno. Le conclusioni chiamano in causa anche le forze governative, imputandogli «eccesso di uso della forza» e misure repressive come «il licenziamento senza motivo di 4400 persone dal settore privato», quasi sempre per effetto delle tensioni religiose. È un documento che serve alla monarchia per ripristinare un minimo di quiete interna e contribuisce anche ad allentare le tensioni con Teheran in quanto smentisce un coinvolgimento diretto dell'Iran nei disordini, avvalorando la lettura delle proteste come fenomeno nazionale e non di un particolare gruppo etnico o religioso.[33]

Ma è solo una tregua perché nel marzo 2015, a quattro anni dall'intervento saudita, si fa largo nell'emirato una minaccia che rinnova l'incubo dell'aggressione di Teheran. Si tratta del gruppo Saraya al-Mukhtar, ovvero i Partigiani di Mukhtar al-Thaqafi, un leader sciita che tentò di vendicare l'uccisione, nel 680, dell'imam Hussein.

Saraya al-Mukhtar compie attacchi minori, contro agenti e soldati, ma ciò che preoccupa re Hamad sono le tracce che portano, ancora una volta, ai Guardiani della Rivoluzione, non solo per contatti e traffici illeciti ma anche per un logo che include tutti gli elementi dello stemma dei pasdaran: il kalashnikov, il pugno chiuso e i versetti del Corano. Per di più anche lo sceicco Hassan Nasrallah loda i dirigenti della Società al-Wefaq, punta di diamante dell'opposizione politica sciita alla monarchia, facendo temere a re Hamad un tentativo di Teheran di ripetere a Manama quanto riuscito in Libano e Yemen: fare leva legalmente sugli sciiti per destabilizzare il Paese.[34] Da qui la scelta della monarchia di reagire con un segnale forte: i figli del re, Nasser bin Hamad e Khalid bin Hamad, vanno a combattere al fronte in Yemen contro gli houthi, alleati di Teheran.

Duello a Bab el-Mandeb

Bombe su Sana‘a, attacchi missilistici alle basi militari, navi davanti ai porti sullo Shatt al-Arab, un contingente di 10.000 soldati sbarcati ad Aden e 150.000 schierati lungo i confini: l'Arabia Saudita guida l'intervento multinazionale arabo-sunnita in Yemen contro i ribelli houthi, accusati di essere strumento dell'Iran. L'intervento inizia il 26 marzo 2015 con cento jet impegnati in massicci bombardamenti. I comandi sauditi si assicurano il controllo dei cieli per far sbarcare ad Aden una forza di spedizione guidata dagli Emirati Arabi Uniti a cui viene affidata la riconquista. L'Operazione «Decisive Storm» vede Riyad nelle vesti di regista politico-militare – e maggiore finanziatore – di una forza pansunnita a cui partecipano Emirati, Bahrein, Kuwait, Qatar, Egitto, Giordania, Sudan e Marocco. Fra gli Stati del Golfo solo l'Oman non aderisce. Per le truppe di terra sono decisivi gli Emirati mentre in mare l'alleato più importante di Riyad è l'Egitto di Abdel Fattah al-Sisi, le cui navi attraversano il Canale di Suez posizionandosi nel Golfo di Aden. Il collante di questa coalizione di Paesi sunniti è la volontà di reinsediare il presidente Abed Rabbo Mansour Hadi, deposto dai ribelli houthi sostenuti da Teheran. Anche Ankara è con Riyad. «Inaccettabile il progetto dell'Iran di dominare il mondo arabo» afferma il presidente Recep Tayyp Erdoğan.

La coesione nella Lega Araba porta all'accordo di Sharm el-Sheik, 28 marzo 2015, fra i ministri della Difesa: «Nasce una forza araba congiunta, interverremo ovunque un Paese è minacciato». Come dire, lo Yemen è solo l'inizio. Nei progetti di Riyad c'è la nascita di un patto militare regionale sul modello della Nato. Washington sostiene i sauditi: «Garantiamo sostegno logistico e di intelligence alle operazioni» afferma la Casa Bianca.

Assumendosi la responsabilità della riconquista dello Yemen, il re saudita Salman si propone di bloccare l'avanzata delle milizie sciite in Medio Oriente e il conseguente allargamento della sfera di influenza iraniana. Salman bin Abdulaziz al-Saud è salito al trono il 23 gennaio 2015 ma nei quattro anni precedenti è stato ministro della Difesa di Riyad – oltre che principe ereditario – trovandosi a subire l'impatto dell'offensiva sciita su più fronti: in Siria con il consolidamento di Bashar Assad grazie all'impegno di Hezbollah libanesi e milizie iraniane; in Iraq con la scelta dei premier sciiti di marginalizzare la minoranza sunnita spingendola verso Isis; in Bahrein con una rivolta di piazza sostenuta da Teheran; e in Yemen con la ribellione houthi contro il governo di Sana'a. Davanti ai progressi sciiti in più Paesi, Salman vuole riconsegnare l'iniziativa ai sunniti e promuove, nel 2013, la creazione della coalizione anti-Isis guidata dagli Stati Uniti. Ma quando, oramai divenuto re, si accorge che tale coalizione porta Iran e Stati Uniti a combattere sullo stesso fronte nel nord dell'Iraq, Salman decide di creare un'alleanza militare sunnita capace di intervenire da sola contro gli sciiti.

L'accelerazione dell'avanzata degli houthi in Yemen è il *casus belli* che il nuovo sovrano discute in più occasioni con l'egiziano al-Sisi, il re giordano Abdallah e il turco Erdoğan. La coalizione militare sunnita è fondata sulla «difesa della legalità», come dicono i portavoce di Riyad, ovvero mira a «ripristinare il governo del presidente Mansour Hadi». Ciò significa che Salman vuole trasformare lo Yemen nell'occasione del «riscatto sunnita» puntando a infliggere agli houthi una umiliazione talmente cocente da trasformarsi in minaccia nei confronti delle milizie sciite che dominano la scena in Iraq, Siria e Libano. Si spiega così l'imponente schieramento di forze. In ultima istanza, il nemico che Salman vuole battere è Qassem

Soleimani, capo della Forza «al-Qods». La sfida dunque è all'Iran di Ali Khamenei che, in Yemen oggi come in Bahrein nel 2011, è accusato di spingere le milizie alleate fino ai confini sauditi. E in questo caso la minaccia è strategica perché, riuscendo a controllare lo Yemen, Teheran avrebbe voce in capitolo su Bab el-Mandeb, lo stretto da cui si accede al Mar Rosso e quindi al Canale di Suez, nodo fondamentale del commercio globale. Per gli ayatollah, già attestati sullo Stretto di Hormuz, possedere anche Bab el-Mandeb significa poter parlare da pari a pari con Usa e Cina sugli equilibri planetari del XXI secolo.

Ecco perché, se nel 2011 Salman, ministro della Difesa, si è limitato a inviare colonne di tank contro i manifestanti sciiti a Manama, ora è alla testa di una vera guerra per Sana'a. Ma non è tutto. L'attacco ha anche un altro obiettivo strategico, ambizioso: trasformare lo Yemen nel corto circuito capace di far franare il riavvicinamento Usa-Iran innescato, nel luglio 2015, dall'intesa di Vienna sul nucleare.

Lo Yemen però è anche la regione dove ciò che resta della vecchia al-Qaida, fedele ad al-Zawahiri, ha la maggiore presenza in termini di militanti, campi di addestramento e sostegni tribali. Per questo una delle conseguenze dell'intervento pansunnita è la possibilità per al-Qaida di insediarsi nella città di Mukalla, nel deserto di Hadramaut, creando un mini-Stato capace di garantire ai residenti acqua potabile, elettricità e carburante. È un'enclave in grado di autosorreggersi grazie all'accordo fra al-Qaida e tribù locali che porta alla creazione del Consiglio nazionale di Hadramaut incaricato di gestire banche, scuole, tribunali e uffici amministrativi. I «figli di Hadramaut» sono gli agenti locali che si occupano dell'ordine pubblico, rispondendo ai leader di al-Qaida nella Penisola arabica.[35]

Nel Golfo la disputa su Maometto

Sunniti e sciiti non si confrontano solo in trincee e deserti ma anche nelle sale cinematografiche. A dimostrazione che il conflitto ideologico sul predominio dell'Islam investe anche le manifestazioni culturali, ovvero il «soft power». «Un'oscenità», «un'offesa all'Islam», «un insulto a tutti i credenti» a cui si deve rispondere col «boicottaggio totale»: sono i termini che adopera il gran mufti dell'Arabia Saudita, Abdu Aziz al-Sheikh, per scagliarsi contro la «dissacrazione del Profeta Maometto» e sul banco degli imputati c'è l'Iran, ovvero un Paese musulmano. Il motivo è la proiezione nelle sale, dal Canada alla Repubblica Islamica dell'Iran, di *Muhammad*, ovvero il film del regista iraniano Majid Majidi sulla gioventù del fondatore dell'Islam. Sette anni di lavorazione, quaranta milioni di dollari e riprese da kolossal – anche con l'impiego di mandrie di elefanti – fanno di *Muhammad* il film più costoso e importante realizzato in Iran dalla Rivoluzione del 1979, ma la scelta del soggetto solleva le proteste delle autorità religiose sunnite.

Il motivo è la raffigurazione sul grande schermo del Profeta in carne e ossa: avviene in continuazione perché il film è incentrato sui miracoli che gli si addebitano, dalla capacità di fermare aggressioni poderose contro i musulmani alla guarigione – con il tocco di una mano – di una governante che lo educava. Il gran mufti dell'Arabia, assieme alla Lega islamica mondiale e a dozzine di leader sunniti, ritiene che raffigurare il Profeta, in qualsiasi maniera e forma, sia «un atto ostile all'Islam» e dunque il film implica «degradare lo *status* del Profeta, prendendolo in giro». Da qui la richiesta di Abdallah Ben Abdel Mohsen At-Turki, segretario generale della Lega islamica con sede alla Mecca, alle autorità di Teheran di «sospendere e impedire la proiezione del film» accompagnata dall'appello a «tutti i musulmani a non recarsi nelle sale dove viene mostrata» la pellicola di 171 minuti.

La risposta di Majidi è secca: «Questo film si batte contro la distorsione dell'Islam da parte degli estremisti perché tenta di dimostrare che l'Islam è una religione di pace, amicizia e amore e non ha nulla a che vedere con gli atti barbarici». L'ambizione di Majidi è di realizzare una trilogia di film, grazie a due future pellicole sul resto della vita del Profeta. Anche grazie al sostegno del governo iraniano, che ha in parte finanziato *Muhammad* con una scelta che ripropone la differenza fra sciiti e sunniti sulla raffigurazione del Profeta. Sebbene, in occasione delle vignette su Maometto pubblicate da giornali europei, i leader religiosi sunniti e sciiti si siano trovati d'accordo nel denunciarle come «sacrileghe». A conferma dell'assenza fra gli sciiti delle obiezioni religiose al film, il debutto a fine agosto 2015 fa registrare nella sola Teheran entrate equivalenti a 60.000 dollari, un record nazionale. L'unico precedente di film su Maometto risale al 1976 quando il siriano-americano Mustapha Akkad realizzò *Il messaggio* andando anche allora incontro a un successo fra gli sciiti e alle condanne dei sunniti.

Khorasan, obiettivo India

L'esplosione che devasta la banca di Jalalabad di metà aprile 2015 causa una carneficina che spinge i servizi d'intelligence occidentali a raccogliere elementi a sufficienza per accertare il debutto sullo scenario afghano-pakistano di una nuova minaccia: lo Stato islamico del Khorasan. Il leader è Hafiz Khan Saeed, un veterano dei pakistani talebani che misero a segno l'assalto a Mumbai nel novembre

2008 e affidarono all'americano-pakistano Faisal Shahzad il tentativo di far esplodere un'autobomba a Times Square il 1° maggio 2010.

Saeed è circondato da un pugno di ex compagni d'armi e di talebani afghani, accomunati dalla scelta di giurare fedeltà al Califfato di al-Baghdadi rompendo con i successori del defunto mullah Omar, già leader dei talebani alleati dell'al-Qaida guidata da Ayman al-Zawahiri. La formazione dello Stato islamico del Khorasan – definizione islamica dell'area geografica che include Iran, Afghanistan, Pakistan e India – avviene nel gennaio 2015, con il formale giuramento di fedeltà nei confronti del Califfo che lo riconosce come *wilayat*, ovvero una provincia. Ma è l'attacco di Jalalabad a far suonare un campanello d'allarme alla Nato – come ai governi di Kabul e Islamabad – perché gli accertamenti appurano che i talebani afghano-pakistani entrati in Isis hanno raggiunto la capacità di operare in proprio, con tattiche sanguinarie che evocano quelle del Califfo in Siria, Iraq e Libia. Il sospetto che circola fra gli esperti di anti-terrorismo di alcuni Paesi Nato è che lo Stato islamico del Khorasan punti a convincere un numero consistente di talebani, in Afghanistan e Pakistan, a rompere ogni legame di fedeltà con i leader finora padroni del territorio, a cominciare dal network di Jalaluddin Haqqani.

A dare consistenza allo Stato islamico del Khorasan arrivano le immagini, postate su siti jihadisti, che mostrano un gruppo di dieci talebani «apostati» catturati da Isis e accompagnati su un prato dove vengono fatti inginocchiare su esplosivi conficcati nel terreno e quindi saltano in aria, con il conseguente smembramento dei loro corpi. Si tratta di un brutale metodo di esecuzione che Isis inaugura nei video online destinati ai jihadisti, accompagnandoli ad altri messaggi innovativi: lo scenario in un panorama di montagne di Nangarhar coperte di verde, i jihadisti del Califfato sui cavalli, i boia che seppelliscono con cura le cariche esplosive e le vittime uccise adoperando un comando a distanza. La voce in sottofondo spiega che i condannati a morte sono «apostati», ovvero afghani accusati di aver «aiutato i talebani contro Isis» ed è in questo testo che c'è tutta la sfida del «Khorasan» agli eredi del mullah Omar. La morte del mullah, avvenuta nel 2013, e la difficoltà dei successori di imporsi alla guida dei talebani consentono a Hafiz Khan Saeed di reclutare, creare basi e diffondere immagini. Il suo intento è anzitutto sostituirsi al mullah Omar, anche al prezzo di eliminare fisicamente ciò che resta del suo ex gruppo dirigente.

E non è tutto, perché lo Stato islamico del Khorasan si affaccia in Europa: indagini condotte in Germania portano a riscontrare la presenza di gruppi jihadisti pakistani legati a Isis e non più alla vecchia al-Qaida. Lo Stato islamico del Khorasan, d'altra parte, è anche il nome del gruppo jihadista di cui gli Stati Uniti rivelano l'esistenza nell'agosto 2014, quando iniziano i raid in Siria contro Isis e Jabhat al-Nusra, definendolo il «più pericoloso» perché impegnato a «confezionare imminenti attacchi contro gli Stati Uniti e gli alleati». E lo Stato islamico del Khorasan è il nome della cellula jihadista pakistana che reagisce all'eliminazione di Osama bin Laden nel 2011 promettendo per vendetta «dieci grandi attacchi in Europa». Ma ciò che più distingue Hafiz Khan Saeed è il piano per scatenare l'Apocalisse attaccando l'India.

Il progetto redatto dallo Stato islamico del Khorasan in trentadue pagine e scritto in urdu – rivelato da «Usa Today» a fine luglio 2015 –[36] prevede di colpire l'India con attacchi terroristici di portata tale da «innescare un'Apocalisse», ovvero spingere il governo di New Delhi a rispondere con le atomiche contro il Pakistan, obbligando Islamabad a reagire con il proprio arsenale. L'assalto a Mumbai del 2008, realizzato dai talebani-pakistani di Lashkar-e Taiba e per il quale Hafiz Khan Saeed è accusato dagli indiani, è il precedente che descrive la matrice anti-hindu a cui si ispirano i piani di «attacco globale» dello Stato islamico del Khorasan. Ministero degli Interni e intelligence di New Delhi ritengono la minaccia assai reale, affermando che Isis recluta giovani musulmani in più Stati dell'India preparandosi a lanciare attacchi dall'interno. I maggiori pericoli di insediamento jihadista si registrano negli Stati di Maharashtra, Karnataka, Tamil Nadu, Jammu e Kashmir e Uttar Pradesh. Bandiere di Isis vengono issate e poi tolte dalle strade di Srinagar, maggiore città del Kashmir, spingendo il comando militare a parlare di «infiltrazioni in Kashmir». E poi ci sono i volontari per Isis che partono dallo scalo di Mumbai, diretti in Iraq o Turchia con meta finale Raqqa.[37]

Se nella stagione del mullah Omar i talebani sono stati la piattaforma afghana di al-Qaida per attaccare gli Stati Uniti, con lo Stato islamico del Khorasan Hafiz Khan Saeed vuole spostare il loro baricentro verso il Pakistan, per dare l'assalto all'India, consentendo al Califfato di insediarsi nell'Asia del Sud.

Kabul, faida al-Qaida-Isis

I talebani lanciano attacchi a raffica nel cuore di Kabul, lo Stato Islamico uccide gli «apostati» facendoli saltare in aria e le trattative sulla pacificazione nazionale sono in frantumi: ad abbattersi sull'Afghanistan sono le conseguenze della morte del mullah Omar perché innesca una resa dei conti militare fra fazioni opposte, intenzionate a imporre il proprio dominio.

La raffica di attentati talebani si concentra su Kabul. In pochi giorni, dal 7 agosto 2015: un camion-bomba distrugge diversi isolati, un kamikaze si fa esplodere nell'accademia di polizia, una base della coalizione viene assaltata e l'entrata dell'aeroporto è investita da un attacco suicida. A guidare l'offensiva è Zabiullah Mujahid, portavoce dei talebani, parlando di «azioni contro le forze occupanti».

La reazione del governo afghano arriva con il presidente Ashraf Ghani, che chiama il premier pakistano Nawaz Sharif accusandolo di «ospitare i santuari dei terroristi come avvenuto in passato». La conseguenza immediata è nel congelamento del negoziato afghano-pakistano che era iniziato fra molti auspici puntando a coinvolgere i talebani per arrivare a un accordo fra governo di Kabul e guerriglia islamica su un processo di pacificazione nazionale. Se i talebani sabotano il dialogo Ghani-Sharif è perché gli eredi del mullah Omar, sul territorio, si trovano a confrontarsi con la concorrenza dello Stato islamico del Khorasan. L'obiettivo dello Stato islamico del Khorasan è di spingere i mujaheddin a cambiare bandiera, abbandonando la fedeltà al vecchio patto talebani-al-Qaida per sottomettersi al Califfo Abu Bakr al-Baghdadi. Le bandiere di Isis piantate sulle montagne afghane immerse nella nebbia sono i simboli con cui lo Stato islamico del Khorasan vuole dimostrare di essersi insediato nelle ex roccaforti dei talebani. Con il risultato di spingere gli eredi del mullah Omar ad attaccare gli «occupanti stranieri» nell'evidente tentativo di riguadagnare legittimità e sostegno fra le tribù dell'entroterra.

Al-Qaida teme lo Stato islamico del Khorasan al punto da giocare la carta di Hamza bin Laden, figlio di Osama, per rovesciare un equilibrio di forza che la vede in difficoltà. Hamza esce dall'ombra con il primo messaggio audio a metà agosto 2015, appellandosi ai mujaheddin e chiedendogli di «scatenare la guerra all'Occidente»: Hamza è il figlio ventenne di Bin Laden che il 1° maggio 2011 sfuggì al blitz dei Navy Seals nella villa-bunker di Abbottabad, in Pakistan, ed è considerato da allora il «principe ereditario del terrore». Si tratta del primo messaggio che incide con la propria voce e Hamza parla dopo una «introduzione» da parte di Ayman al-Zawahiri, il successore di Bin Laden alle redini di al-Qaida. La sovrapposizione fra il figlio e l'erede politico-militare di Bin Laden è mirata a risollevare la credibilità di al-Qaida in una galassia jihadista dove a dominare dal 2014 è lo Stato Islamico di al-Baghdadi. Hamza non fa riferimenti diretti a Isis ma nomina molti gruppi jihadisti e soprattutto lancia un messaggio che chiede ai seguaci di continuare l'attacco all'Occidente iniziato dal padre: «Spostate la guerra da Kabul, Gaza e Baghdad a Washington, Londra, Parigi e Tel Aviv. È un vostro dovere».[38] Se per al-Baghdadi la priorità è il dominio dei jihadisti sunniti sull'Islam, a cominciare dalla guerra genocida agli sciiti, Hamza bin Laden riafferma la necessità di colpire anzitutto l'Occidente nemico, portando gli attacchi nel cuore delle sue metropoli.

La diffusione del testo segue di ventiquattro ore l'audio con cui al-Zawahiri giura fedeltà al mullah Akhtar Mansour, nuovo leader dei talebani afghani. Ciò lascia intendere che al-Zawahiri e Hamza bin Laden puntino a riaffermare l'autorità sui talebani dell'area afghano-pakistana, dove Isis è penetrata con la proclamazione dello Stato islamico del Khorasan accompagnata da una raffica di video in cui si vedono nuovi tipi di esecuzioni: da una gabbia di prigionieri immersa in una piscina, a un'auto con i condannati legati fatta esplodere lanciando un missile fino agli esplosivi attaccati al collo degli «apostati».

Di Hamza si erano perse le tracce dall'indomani del blitz di Abbottabad, quando i Navy Seals americani non lo trovarono nel bunker – unico famigliare mancante – rinvenendo però centinaia di documenti da cui si evince che il padre lo giudicava il proprio erede alla guida di al-Qaida e voleva farlo studiare in Qatar, ovvero l'emirato del Golfo dove è consistente la presenza di leader dei Fratelli Musulmani. Nato nel 1991 dall'unione di Bin Laden con Khadijah Sharif, la terza moglie meglio nota come Umm Ali, Hamza appare in più video assieme al padre e dopo gli attacchi dell'11 settembre visse agli arresti domiciliari in Iran, da dove scrisse a Osama il rimpianto per non potersi unire alle «legioni dei mujaheddin». Nel terzo anniversario degli attacchi terroristici di Londra del 2005 confezionò un «poema» nel quale invocava la «distruzione» di Usa, Gran Bretagna, Francia e Danimarca. E ora rilancia proprio questo approccio alla jihad per tentare di difendere le roccaforti afghano-pakistane dalla penetrazione del Califfo.

3

Campi di battaglia: il fronte occidentale

Nel nome di al-Aqsa

Bandiere palestinesi sui pali elettrici, scritte inneggianti alla jihad sui muri scrostati, resti di spazzatura data alle fiamme per protesta e una grande tenda con tappeti verde-rossi per celebrare il lutto come una festa collettiva. Al numero 3 di Salman al-Farisi di Jabel Mukaber c'è la casa della famiglia Abu Jamal, a cui appartengono Oday e Ghassan, autori dell'attentato alla sinagoga di Har Nof che, il 18 novembre 2014, li vide uccidere quattro rabbini e un agente di polizia prima di essere abbattuti dalle forze di sicurezza. Parenti e amici portano tendaggi e sedie per adornare il luogo della celebrazione della morte. A ringraziare tutti a nome della famiglia è Aladin Abu Jamal. «Sono il cugino dei due *shahid*» dice «e a differenza di quanto dicono tutti non credo che siano morti, sono diventati dei martiri, rendendo onore a chi li ama.» *Kefiah* bianconera attorno al collo, maglietta nera e jeans, Aladin parla attorniato da una piccola folla. «Oday e Ghassan amavano questa terra, lo hanno fatto per la moschea di al-Aqsa e per far capire al mondo che questa è casa nostra e gli ebrei ce l'hanno usurpata.» Parla come un fiume in piena, riscuotendo plausi rumorosi e sguardi ammirati da parte degli *shabaab*, i giovani manifestanti che hanno dato battaglia proprio a Jabel Mukaber contro i soldati israeliani. Mahmud, zio di Oday e Ghassan, accusa i militari di «aver portato via quattordici parenti, inclusa la moglie di Oday».

Basta guardarsi attorno in questo quartiere arabo di Gerusalemme Est, circa 20.000 anime appartenenti a undici famiglie di origine beduina, per rendersi conto che il sostegno per gli attentatori è ovunque. Una donna vestita completamente di nero alza le mani al cielo per gridare: «Oday e Ghassan sono tutti nostri figli, speriamo che Allah ce ne dia molti come loro».

Siamo a cinque minuti di auto dal cuore della Gerusalemme ebraica, gli Abu Jamal, come tutti i residenti del quartiere arabo di Jabel Mukaber, hanno documenti israeliani e fra questa roccaforte nazionalista palestinese e il quartiere ebraico di Armon HaNatziv non ci sono barriere né posti di blocco. Basti pensare che i pullman turistici sostano a ottocento metri da qui per far vedere ai visitatori il panorama mozzafiato della Città Vecchia.

Gli oltre 300.000 palestinesi di Gerusalemme Est costituiscono un *vulnus* per la sicurezza dello Stato ebraico perché vivono mischiati agli altri 600.000 residenti ebrei. Yoav Nissim, tassista di Armon HaNatziv, conosce Aladin Abu Jamal e ogni sabato porta i figli a giocare sul prato attorno a una sede dell'Onu che sta proprio tra il quartiere ebraico e Jabel Mukaber. «Non ci andrò più, perché il clima in città è cambiato» spiega il tassista, riflettendo il timore per le violenze in crescita. D'altra parte proprio da Jabel Mukaber viene Naif El-Jaabis, che alla guida di un trattore il 4 agosto 2014 si scaglia contro un bus di linea, uccidendo un ventinovenne, così come viene da lì Alaa Abu Jamal, che il 13 ottobre 2015 investe e uccide a colpi di machete due ebrei sulla strada Malchei Ysrael, nel quartiere ortodosso di Gheula. È una raffica di attacchi, con auto a tutta velocità, coltelli o sassi a descrivere quanto sta avvenendo.

Se durante la Prima e Seconda Intifada, iniziate nel 1987 e 2000, i palestinesi di Gerusalemme Est hanno mantenuto un profilo più basso negli scontri con gli israeliani, rispetto agli arabi in Cisgiordania e Gaza, ora sono in prima fila. Mahmud lo dice così: «Se volete sapere perché ho due nipoti martiri, chiedetelo a Netanyahu che vuole strapparci la moschea di al-Aqsa». È proprio Benjamin Netanyahu a dire che «questa è la battaglia per Gerusalemme, vogliono cacciarci ma non ce ne andremo». Quando riportano ad Aladin queste frasi, risponde di getto: «Siamo tanti, abbiamo energia e fede in Allah, armi imbattibili per sfidare chi ci occupa».

Dunque, la battaglia per Gerusalemme può iniziare, attorno al simbolo di al-Aqsa, ovvero la moschea eretta nell'anno 705 dal secondo Califfo Umar ibn al-Khattab sul Monte del Tempio, il luogo più sacro dell'ebraismo, dove il Corano vuole che Maometto arrivò dalla Mecca nel volo notturno con il cavallo bianco Buraq, accompagnato dall'arcangelo Gabriele. Per i killer di Har Nof la moschea di al-Aqsa è il cuore dell'Haram el-Sharif – la Spianata delle Moschee – caduta in mano di Israele, con l'intera Città Vecchia di Gerusalemme, nella Guerra dei sei giorni del 1967 e da allora vittima di «profanazioni» e «sacrilegi» da parte degli «occupanti». A dare sicurezza agli Abu Jamal in questa motivazione religiosa della violenza contro Israele c'è la processione di famiglie che gli rendono omaggio, snodandosi lungo le strade del quartiere.

Ciò che colpisce gli inquirenti israeliani nelle indagini su Oday e Ghassan Abu Jamal è la tecnica che scelgono per portare la morte dentro la sinagoga di Har Nof, un luogo che conoscevano bene perché erano dipendenti di un vicino supermercato. Pur arrivati avendo in mano delle pistole, i due killer colpiscono anzitutto con i machete e mozzano la testa a due dei quattro rabbini. È un evento senza precedenti anche negli annali del terrorismo palestinese e quando gli agenti accedono ai computer e cellulari di Oday e Ghassan si accorgono che almeno uno di loro guardava i video delle decapitazioni realizzate dai jihadisti dello Stato Islamico. Da qui la deduzione che si tratti di due palestinesi che diventano killer sotto l'influenza della propaganda jihadista di Abu Bakr al-Baghdadi. È la prima volta che Isis, seppur solo con il contagio ideologico, genera lutti e terrore nello Stato ebraico. Per Israele significa trovarsi davanti allo scenario di una sovrapposizione fra il nazionalismo armato palestinese – protagonista delle prime due Intifade – e il jihadismo sanguinario dello Stato Islamico.

Nell'anno che segue l'attacco di Har Nof vengono arrestati due dozzine di arabo-israeliani contagiati dal pensiero del Califfo. Si tratta di persone sui trenta-quarant'anni, professionisti, di educazione medio-alta, residenti nei villaggi arabi della Galilea o in quelli beduini del Negev. Sono cellule di due, quattro o al massimo sette persone, alcune delle quali vengono catturate al ritorno dalla Siria, ammettendo candidamente negli interrogatori di aver voluto provare la vita nel Califfato.[1] Anche in Cisgiordania vengono identificate, nei pressi di Hebron, cellule di *foreign fighters* pronti a partire per il miraggio di Raqqa.[2] Si tratta di un contagio jihadista che trova reclute fra gli arabo-israeliani grazie all'influenza del Movimento islamico della Galilea che si fa spazio nella galassia del nazionalismo palestinese sposando proprio la «difesa di al-Aqsa» con la creazione, e il finanziamento, dei gruppi di Morabitun, le sentinelle – suddivisi in unità maschili e femminili –, che sostano in permanenza sulla Spianata delle Moschee per allontanare con il grido di «Allah hu-Akbar» i visitatori ebrei, ritenendoli dei «profanatori».[3] I Morabitun vengono condannati dal governo israeliano, ma la «battaglia per al-Aqsa» si trasforma nel nuovo elemento coagulante per il nazionalismo palestinese che, in questa maniera, cavalca motivazioni religiose islamiche.

Il risultato è la ricetta di una «Terza Intifada», come la definisce Shaul Mishal, direttore per il Medio Oriente al Centro interdisciplinare (Idc) di Herzliya, «differente dalle precedenti perché ora l'epicentro è Gerusalemme e la difesa religiosa di al-Aqsa», ovvero temi destinati ad «avere impatto nei Paesi sunniti». È la genesi di un nuovo tipo di minaccia alla sicurezza di Israele, frutto di una svolta islamista dei gruppi militanti palestinesi della Cisgiordania che in questa maniera dimostrano di subire l'influenza del dilagare di Isis nella regione. Sebbene nei Territori dell'Autorità nazionale palestinese si registri, soprattutto nella città principale di Ramallah, una netta preferenza per i costumi sociali occidentali: dai negozi di articoli per la bellezza alla musica dal vivo fino ai rivenditori di computer. L'«Intifada per al-Aqsa», come la definisce la Jihad islamica palestinese, nata nel 1981 e protagonista con Hamas degli attacchi kamikaze della Seconda Intifada, offre ai leader dell'Autorità palestinese l'occasione per riacquistare popolarità, allontanando accuse di corruzione e nepotismo riportate dal tam-tam locale a causa dello scontento per il lungo tempo passato dalle ultime elezioni: quelle presidenziali si svolsero nel 2005 e le parlamentari l'anno seguente.

Con l'uccisione di Alexander Levlovitz, la sera del 14 settembre 2015 – inizio del Capodanno ebraico –, questa matrice di violenza genera l'«Intifada dei coltelli» che vede protagonisti gruppi di giovani e giovanissimi accomunati dalla scelta di uccidere israeliani, anche al prezzo della propria vita, per «difendere la moschea di al-Aqsa». Le pietre-killer lanciate da quattro ragazzi palestinesi contro l'auto di Levlovitz mentre percorre l'autostrada davanti al quartiere arabo di Zur Baher di Gerusalemme segnano l'inizio di una nuova fase di attacchi contro Israele, che ha tre caratteristiche base: non è organizzata da partiti politici o leader militari, è basata su motivazioni islamiche e ha per protagonista una generazione di giovani – uomini e donne – nati dopo gli accordi di Oslo del 1993 con cui Yasser Arafat, Shimon Peres e Yitzhak Rabin misero termine allo stato di guerra.

Se l'assenza di guide carismatiche alla testa degli *shabaab* denota la carenza di rappresentatività del presidente palestinese Abu Mazen come di Hamas, l'arrivo sul palcoscenico di ragazzi e adolescenti che usano smartphone, social network e molotov suggerisce una drammatica trasformazione dell'attivismo palestinese rispetto al passato con in aggiunta l'elemento comune, sul piano dei valori, della matrice islamica. Gettando le basi di una nuova fase della battaglia per l'indipendenza palestinese che sulle origini nazionaliste laiche costruisce adesso una proiezione islamica.

La conferma arriva dalla mappa dei luoghi teatro dell'«Intifada dei coltelli»: attacchi alla Grotta dei Patriarchi, attentati alla tomba di Simone il Giusto, agguati nei pressi del luogo del primo Tabernacolo, l'incendio alla tomba di Giuseppe, scontri nella Valle di Kidron e la moschea di al-Aqsa come incandescente contenzioso. È una rivolta che ha per protagonisti i luoghi santi, mostrando un carattere religioso che la distingue dal nazionalismo delle precedenti sollevazioni anti-israeliane. «Non vogliamo che gli israeliani entrino ad al-Aqsa, sosteniamo chi la protegge e chi soffre per proteggerla» afferma Abu Mazen, presidente palestinese. «Il governo israeliano deve stare lontano dai nostri luoghi santi.»

Il Movimento islamico, guidato da Sheikh Raed Salah, svolge attività nei villaggi della Galilea per spingere gli arabo-israeliani a difendere al-Aqsa dai «sacrilegi» e Hamas conia l'espressione «Intifada di al-Aqsa», con il proprio leader politico Ismail Haniyeh, per impossessarsi dell'intera rivolta con una terminologia che evoca la Seconda Intifada. Le rassicurazioni israeliane, del premier Benjamin Netanyahu come del capo dello Stato Reuven Rivlin, sul «rispetto dello *status quo* ad al-Aqsa» – frutto delle intese con la Giordania siglate nel 1967 e 1994 – non hanno effetto perché, spiega lo storico Shmuel Berkovitz, «è iniziata la battaglia per i luoghi santi» e nessuno può dire come e quando terminerà.

Dalla fine dell'ultimo conflitto di Gaza, nell'agosto 2014, gli attacchi palestinesi a Gerusalemme – con trattori e auto ad alta velocità – si sono concentrati nell'area della tomba di Simone il Giusto, lungo l'ex linea verde che separava i quartieri Est e Ovest fino al 1967, ed è sempre qui che sono avvenuti molteplici attacchi con coltelli contro passanti, agenti e soldati.

L'altra area di Gerusalemme più colpita è la Porta dei Leoni della Città Vecchia, dove inizia la Via Dolorosa: i terroristi la scelgono per colpire gli ebrei che la attraversano per raggiungere il Muro Occidentale, il luogo più sacro dell'ebraismo. La profanazione delle tombe nell'antico cimitero ebraico sul Monte degli Olivi e la tesi di Taissir Dayut Tamimi, maggiore autorità islamica dell'Autorità nazionale palestinese, sul «Tempio di Gerusalemme mai realmente esistito» perché «il Muro del Pianto era solo il luogo dove Maometto legò il suo cavallo Buraq», aggiungono ulteriori tasselli all'identità di una rivolta che Rivlin ammette di temere perché «rischia di trasformare il conflitto con i palestinesi in una guerra religiosa».

Ma è una svolta difficile da arginare e a dimostrarlo è la scelta di Isis di diffondere online, destinati ai cittadini israeliani, dieci video nei quali jihadisti di Ninive, Raqqa e Damasco preannunciano una fase più cruenta della «sollevazione per al-Aqsa» al fine di «fare a pezzi gli ebrei». In uno di questi video si vede un jihadista in divisa che parla in ebraico – con accento arabo-israeliano – assicurando che «presto invaderemo il nemico da est e da sud» e «non lasceremo in vita neanche un ebreo». È la descrizione di una strategia di attacco allo Stato ebraico: spingere masse di civili a varcare le frontiere con Giordania e Sinai al fine di consentire lo sconfinamento di unità kamikaze incaricate di portare il terrore in ogni casa. Parlare in ebraico è una scelta dal forte valore simbolico: i destinatari del messaggio non sono gli arabi palestinesi bensì gli arabi israeliani che vivono all'interno dei confini pre-1967 e si concentrano in Galilea e nel Negev, dove vivono le tribù beduine. La scommessa del Califfo è trasformarli in un cuneo di violenza nelle strade e città di Israele al fine di portare ovunque morte e distruzione. È una scelta tesa ad assumere la leadership della stagione di rivolta palestinese. Per spingere gli arabi della Cisgiordania verso l'Islam, allontanandoli dal nazionalismo arabo di cui Yasser Arafat fu paladino.[4]

Bandiere nere a Gaza

Attentati contro i leader di Hamas, manifestazioni di piazza per restaurare il Califfato, bandiere nere nel campo profughi di Khan Younis, razzi sul Negev e l'intento di creare il primo lembo dello Stato Islamico in Palestina: nella Striscia si affacciano con prepotenza i gruppi jihadisti seguaci di Isis, ponendo a Hamas la sfida interna più seria da quando, nel 2007, prevalse con la forza contro al-Fatah e assunse il controllo del territorio liberandosi degli avversari politici che aveva già sconfitto alle urne.

Saber Siam è il primo comandante di Hamas ucciso dai seguaci del Califfo al-Baghdadi: lo eliminano piazzandogli una bomba sotto l'auto, rivendicando l'esecuzione con un comunicato in cui lo definiscono «alleato dei nemici dei musulmani» e imputandogli di «lavorare per il governo eretico di Gaza». A firmare l'esecuzione sono i Jamaat Ansar al-Dawla al-Islamiya fi Bayt al-Maqdis, ovvero i Sostenitori dello Stato Islamico a Gerusalemme, nati nel 2014 dai contatti fra gruppi salafiti nella Striscia e i jihadisti di Bayt al-Maqdis che operano nel confinante Sinai tenendo in scacco almeno 30.000 militari egiziani.

Alcuni dei miliziani della nuova formazione jihadista di Gaza sono fuoriusciti da Hamas, altri sono islamici che contestano a Hamas troppa tolleranza nei confronti delle donne senza velo e degli uomini che fumano. Ismail Haniyeh, leader di Hamas, dopo la fine dell'ultimo conflitto con Israele nell'estate 2014, l'Operazione «Margine protettivo», gli concede di scendere nelle strade sventolando le bandiere nere del Califfato: l'intento è di gestirli, tentando in qualche maniera di governarli, ma l'esito è opposto trasformando la moschea al-Mutahabin in una loro roccaforte.

Quando i jihadisti filo-Isis si spingono fino a lanciare colpi di mortaio contro un campo di addestramento di Hamas nei pressi di Khan Younis, Haniyeh cambia approccio: i bulldozer demoliscono la moschea ribelle e almeno una ventina di militanti filo-Isis vengono arrestati, incluso lo sceicco Yasser Abu Houli.

La repressione di Hamas ha un risvolto siriano: la decisione di Isis, il 1° aprile 2015, di assaltare il campo profughi palestinese di Yarmuk, alle porte di Damasco, uccidendo e decapitando alcuni combattenti delle cellule locali di Hamas viene vissuta a Gaza come un'umiliazione che necessita un'aspra risposta. Ma i jihadisti pro-Isis si moltiplicano e un secondo gruppo nasce nella Striscia – Hizb ut-Tahrir, il Partito della liberazione – debuttando a Gaza città con una manifestazione di protesta contro l'abolizione del Califfato, decretata nel 1924 da Atatürk. In questo caso è l'ideologia di al-Baghdadi a riempire la piazza e Hassan al-Madhoun, portavoce di Hizb ut-Tahrir, la riassume così: «Fu la caduta del Califfato a determinare la perdita della Palestina e delle altre terre arabe, solo il ritorno del Califfato potrà riempire tale vuoto, liberando questa terra e unificando l'Islam».[5]

Il linguaggio di al-Madhoun spazza via il nazionalismo palestinese di Yasser Arafat e Abu Mazen e fa apparire superato anche il fondamentalismo di Hamas: l'obiettivo non è realizzare un ennesimo, debole e corrotto Stato nazionale arabo bensì dare vita, qui come altrove, al Califfato islamico, per unire tutti i musulmani. Anche perché, se in Siria, Iraq, Libano o Yemen ciò che muove l'ideologia di Isis è l'odio per gli sciiti, a Gaza, dove i sunniti compongono la quasi totalità della popolazione, ciò che più conta è «l'inizio della realizzazione in Palestina del Califfato islamico con Gerusalemme», come dice al-Madhoun, sottolineando che «non in tutti i luoghi del mondo arabo Isis si esprime in modo identico». Si tratta della versione palestinese di Isis, destinata a minacciare Israele: il lancio di razzi Grad contro le città di Ashdod, Ashkelon e Sderot da parte della Brigata Sheikh Omar Hadid, ex braccio destro di al-Zarqawi in Iraq, lascia intendere che i jihadisti vogliono strappare a Hamas la guida degli attacchi al «nemico sionista». Per Hamas si tratta di una temibile minaccia interna, a cui risponde con l'aumento visibile della sicurezza: posti di blocco notturni, più agenti nelle strade e più pattuglie nelle zone a rischio, a cominciare da Khan Younis, dove si rifugiano spesso i miliziani di Isis braccati dagli egiziani nel Sinai. È da qui che passa Eihab Saied Abed Elrachman Abu Nahel, il jihadista dei Comitati popolari di resistenza che durante la campagna del 2014 contro Israele viene assegnato all'unità «Araba» per operare assieme a Hamas e, terminato il conflitto, riceve da Isis il compito di recarsi in Qatar per prendere ordini, finendo in una trappola degli israeliani.[6]

La contesa di Gaza si sviluppa anche sul web. A dimostrarlo il video a cui Isis si affida per contestare a Hamas il controllo della Striscia di Gaza. Intitolato *Messaggio alla nostra gente a Gerusalemme* mostra un gruppo di jihadisti armati, alcuni dei quali si rivolgono direttamente ai leader del gruppo fondamentalista palestinese che controlla la Striscia. «Quanto sta avvenendo nel Levante ed è avvenuto a Yarmuk avverrà molto presto anche a Gaza» afferma uno dei miliziani. «Non vi diciamo cosa vi faremo ma rovesceremo i tiranni di Hamas» dice un altro jihadista, con il volto coperto e al collo due radiotrasmittenti simili a quelle adoperate a Gaza, «sradicheremo lo Stato degli ebrei e anche al-Fatah.» L'accusa a Isis è duplice: «Vi siete alleati con gli Hezbollah sciiti e i gruppi laici» considerati infedeli e «non fate rispettare la legge islamica».

Il progetto è di far dilagare lo Stato Islamico in tutti i territori dal Giordano al Mediterraneo, spazzando via Israele, Hamas e l'Autorità palestinese. Sono messaggi simili a quelli di Jaish al-Islam (Esercito dell'Islam), che – definendosi «parte integrante di Isis» e del Wilayat Sinai (Provincia del Sinai), gruppo di Isis oltre il confine egiziano – indica il proprio leader nella Striscia in Mumtaz Dughmush, ovvero il capo del clan sunnita-salafita dei Dughmush considerato fra i corresponsabili di sequestro e detenzione – dal 25 giugno 2006 al 18 ottobre 2011 – del soldato israeliano Gilad Shalit nonché l'anello di congiunzione fra le tribù del Sinai, gli inviati del Califfo e i jihadisti della Striscia.[7] Come riassume Abu al-Ayna al-Ansari, nome di battaglia del portavoce di Isis a Gaza, «siamo un coltello alla gola tanto di Hamas che di Israele».[8]

Insurrezione nel Sinai

Il fronte occidentale della jihad ha come epicentro il Sinai. Lo Stato Islamico si è insediato nel Nord Sinai, gli F-16 egiziani lo bersagliano dall'alto e lo scontro può estendersi a Gaza. Vista da Kerem Shalom, l'ultimo lembo di deserto israeliano stretto fra la Striscia e l'Egitto, la guerra di Abdel Fattah al-Sisi contro i jihadisti del Califfo è in pieno svolgimento. Perché i salafiti sono al centro di una guerriglia talmente ben organizzata da sembrare un'insurrezione. Nelle cruente battaglie di terra che si svolgono a Sheikh Zuwaid i protagonisti sono gli F-16 egiziani: il boato delle bombe che sganciano arriva fino al kibbutz di Nirim, a venti chilometri dalla frontiera israeliana. Sono tuoni costanti, ravvicinati, che danno la sensazione della guerra e fanno rintanare i bambini nelle case. Il comando egiziano assicura che i jihadisti uccisi sono dozzine, ma ciò che conta, spiega l'analista israeliano Uri Rosset, è che «devono usare i jet perché le sacche controllate da Isis nel Nord Sinai sono molte e non possono colpirle con gli elicotteri Apache». È una delle scoperte fatte dagli egiziani: il Wilayat Sinai di Isis dispone non solo dei missili anti-tank Kornet, ma di vettori anti-aerei, lanciati a spalla, che minacciano gli elicotteri e di razzi terra-terra capaci di affondare piccole navi.

A spiegare cosa sta avvenendo oltrefrontiera è Nir Peled, vicecapo della pianificazione delle forze di difesa israeliane in questo teatro di operazioni: «Isis combatte qui come in Siria, Iraq e Libia, si insedia in aree minori, le consolida e poi lancia all'improvviso offensive multiple usando attacchi suicidi e ondate di jihadisti, alcuni dei quali in divise governative». È un'analisi che coincide con quanto affermano gli ex generali egiziani Hisham el-Halaby e Talaat Moussa (già capo dell'intelligence militare), secondo cui l'intento finale di Isis «è allargare il territorio che controlla dando vita a proprie enclave».

La convergenza rivela la stretta cooperazione nella sicurezza fra i due Paesi. Ma rispetto alle altre cellule dello Stato Islamico il Wilayat Sinai vanta «il più alto rapporto fra propri militanti e vittime nemiche» osserva l'esperto militare Amos Harel su «Haaretz», riferendosi ai quasi 650 soldati e poliziotti egiziani uccisi in meno di ventiquattro mesi da «poche centinaia di jihadisti».[9] A spiegare tale efficacia negli attacchi è Yoav Mordechai, generale israeliano che coordina le attività nei Territori palestinesi, secondo cui «i leader militari di Hamas a Gaza aiutano Isis nel Sinai e collaborano agli attacchi» a Rafah, al-Arish e Sheikh Zuwaid.

«Durante la battaglia alcuni feriti di Isis sono stati evacuati a Gaza» afferma in particolare Mordechai per indicare il grado avanzato di coordinamento tattico. E il maggior sospetto riguarda i razzi anti-aerei usati contro gli Apache egiziani: sono simili a quelli lanciati da Hamas contro gli elicotteri israeliani durante il conflitto dell'estate 2014, l'Operazione «Margine protettivo». Da qui l'ipotesi di raid egiziani a Gaza per colpire retrovie e arsenali di Isis. Hamas percepisce il pericolo e schiera unità scelte a ridosso di Rafah.

«Hamas è spaccata» osserva Rosset, che risiede nel kibbutz di Magen, «perché i leader militari, a cominciare da Mohammed Deif, sono sensibili ai richiami jihadisti mentre quelli politici, tipo Ismail Haniyeh, se ne sentono minacciati.» Il video con cui Isis afferma di voler rovesciare i «tiranni di Hamas» è per Rosset «una sfida ai leader politici che negoziano in segreto la tregua con Israele e sono l'espressione palestinese dei Fratelli Musulmani, considerati da Isis degli apostati perché tendono a operare legalmente negli Stati arabi, non a distruggerli».

Nel Nord Sinai, Isis ha così due fronti aperti: contro Egitto e Israele, «Stati infedeli», da un lato, contro i leader politici di Hamas, «apostati», dall'altro. È il fronte occidentale della guerra del Califfo al-Baghdadi, dove gli odiati sciiti non ci sono. I tank israeliani schierati a Kerem Shalom, con i cannoni non verso Gaza ma verso il Sinai, svelano il timore per uno scenario divenuto verosimile: attacchi suicidi alla frontiera.

Droni marini ad Ashdod

Per difendersi da una jihad in espansione dal Sinai a Gaza, Israele mette in acqua due gioielli tecnologici della marina militare, parcheggiati sul molo della base di Ashdod, fra le barche dei pescatori confiscate a Gaza e i gommoni delle truppe speciali. Si tratta dei Protector, lunghi nove e undici metri, con lo scafo che assomiglia a un sommergibile in miniatura, una torretta senza finestre, l'arma Mini-Typhoon puntata verso il mare e una miriade di sensori hi-tech celati fra antenne e radar. Uno dei due ha anche una parte del tutto sgonfiabile, come i gommoni. «I test sono quasi terminati, a breve saranno operativi come tutte le altre unità» spiega un ufficiale, secondo il quale «assomigliano molto ai droni dell'aviazione perché vengono guidati a distanza da una stazione di controllo a terra, hanno un'autonomia di oltre quarantotto ore, possono operare in qualsiasi condizione atmosferica e ci aiutano ad affrontare ogni tipo di minacce».

La società israeliana Rafael li ha realizzati nel 2013 con l'intenzione di dotare le marine militari di «navi senza marinai per operare sottocosta a fini di sicurezza e intelligence». Gli sviluppi militari in Medio Oriente ne accelerano test e impiego perché i gruppi jihadisti sunniti – a cominciare dal Wilayat Sinai – puntano sulle acque sottocosta, da Tripoli a Gaza, per muoversi assieme a ogni sorta di traffici illeciti, a dispetto della marina egiziana. Lo dimostra l'attacco con un missile anti-nave che colpisce, davanti ad al-Arish, un'unità del Cairo carica di uomini e mezzi. I primi ad acquistare i Protector per la sperimentazione sono Singapore e Messico, poi vengono testati nell'Oceano Indiano, nelle operazioni anti-pirateria a largo della Somalia e quindi le forze di difesa israeliane li fanno entrare a pieno titolo nei propri ranghi. Nasce così lo squadrone agli ordini del comandante Liav Zilberman, che spiega l'effetto Protector: «È un sistema d'arma molto avanzato che ci dà l'abilità di affrontare varie minacce, lo abbiamo con noi da diversi mesi e ci aiuta a proteggere le vite dei soldati, prevenendo perdite», soprattutto perché «è unico nel fornirci risposte creative a ogni tipo di minacce, contribuendo in questa maniera ad aumentare le nostre capacità di sicurezza». Il termine-chiave è «creatività» perché i droni del mare hanno la capacità di esaminare situazioni di rischio improvviso e fornire in tempo reale più scenari di possibile risposta, operando in sinergia con altre unità delle forze armate. Si tratta di una rivoluzione tecnologica che la marina israeliana attraversa e porta Zilberman a prevedere che «presto avremo navi senza pilota che si aggiungeranno ai droni, perché questo è il futuro scenario dell'arena marina».

Fra gli ufficiali della base di Ashdod che hanno potuto sperimentare i Protector c'è chi li definisce «utili a operare sottocosta» al duplice fine di «proteggere città e spiagge dal rischio di infiltrazioni terroristiche provenienti dal mare» come anche di «operare se necessario in territorio nemico, in acque basse, a ridosso delle loro postazioni». Senza contare la possibilità di impiegarli per proteggere le piattaforme offshore per l'estrazione di gas naturale. Quanto avvenuto nell'estate 2014 a Gaza nel contesto dell'Operazione «Margine protettivo», quando durante il conflitto militare con Israele i commando di Hamas tentarono di sbarcare sulla spiaggia del kibbutz di Zikim, porta la marina a studiare contromisure più sofisticate: non solo i Protector ma anche un particolare radar sottomarino che consente di identificare chi nuota in mare, perfino sott'acqua. È operativo tanto sul confine con Gaza che su quello con il Libano perché le incursioni sottomarine di commando nemici sono fra le minacce considerate più serie.

Per il contrammiraglio Dror Friedman, vicecapo di stato maggiore della marina, ex capo delle unità speciali «Flotilla 13» e già comandante della base di Ashdod, l'entrata in servizio dei Protector segna «l'inizio dell'inclusione nelle nostre forze di difesa costiera di unità senza pilota destinate a proteggere anche le piattaforme energetiche offshore nelle acque territoriali» grazie al «valore aggiunto di poter rimanere in mare per lunghi periodi di tempo, spingendosi fino a penetrare luoghi molto pericolosi». Ciò significa che saranno i droni di Rafael a vegliare sulle piattaforme Tamar e Leviathan, i grandi giacimenti di gas naturale a largo dello Stato ebraico.

La maggior parte dei test svolti «servono a integrare le unità esistenti con i Protector» aggiunge Friedman «al fine di adoperarsi come gli altri sistemi d'arma a disposizione». Ma non è tutto: fra gli scenari più comuni dell'imminente impiego dei Protector c'è il controllo delle barche dei pescatori di Gaza: ogni notte sono dozzine ad avvicinarsi alle acque israeliane, e a volte a superarle, obbligando le navi di pattuglia a ripetute missioni di controllo con una complessa procedura tesa a identificare terroristi e trafficanti, proteggendosi dal rischio di barchini kamikaze.

Rafah, fattorie ittiche come trincee

Sin dall'arrivo al potere, nel luglio 2013, Abdel al-Sisi impiega l'esercito per ostacolare i traffici illeciti fra Gaza e il Nord Sinai attraverso i tunnel che passano sotto la città di Rafah, divisa in due fra l'Egitto e la Striscia. Ma poiché il transito di merci e armi è continuato, alimentando anche le attività militari dei gruppi jihadisti dello Stato Islamico nel Sinai, al-Sisi ordina una soluzione radicale: scavare un canale d'acqua lungo il confine. Sono stati i genieri militari – gli stessi che hanno realizzato in tempo record il prolungamento del Canale di Suez – a far presente che per avere successo il «canale» deve articolarsi in una serie di fattorie ittiche, gestite da soldati. Il progetto ne prevede diciotto lungo i quattordici chilometri di confine. Ad alimentarle è l'acqua salata del Mediterraneo e sono dedicate alla coltivazione di cozze e scampi al duplice fine di trasformare gli spazi d'acqua in realtà permanenti e di alimentare l'industria della pesca, che costituisce uno dei maggiori introiti per le comunità costiere nel Nord Sinai. L'arrivo di ruspe e bulldozer, nel settembre 2015, lungo il confine di Gaza segna il via formale agli scavi, che avvengono nell'area di Rafah sul lato egiziano, dove almeno duemila famiglie sono state evacuate a partire da novembre 2014 – quando Isis uccise trentuno soldati egiziani a Rafah – prima di radere al suolo gli edifici.

Per Hamas le fattorie ittiche sono quanto di peggio al-Sisi può fare contro Gaza. Il portavoce Mushir al-Masri parla di «cooperazione dell'Egitto con il blocco economico di Israele». Subhi Radwan, sindaco di Rafah nella Striscia, aggiunge timori di tipo ambientale perché l'«acqua salata aspirata dal Mediterraneo danneggerà le falde acquifere di Gaza» e le coltivazioni di cozze e scampi «faranno franare i terreni causando il collasso degli edifici sul nostro lato del confine». «A Gaza abbiamo già abbastanza problemi con la guerra, l'assedio israeliano e una situazione economica molto difficile» aggiunge il sindaco. «Ci appelliamo ai nostri fratelli egiziani affinché fermino questo progetto che mette a rischio la nostra popolazione.» Ma ciò che conta per al-Sisi è colpire la rete di traffici illegali fra la Striscia e il Nord Sinai, ovvero fra Hamas e le tribù beduine legate a Isis, e i risultati si vedono. Basta l'inizio degli scavi a far impennare il prezzo delle merci che transitano nei tunnel ancora attivi: una spedizione di mezzi di ricambio per motociclette – il mezzo di trasporto preferito dei comandanti di Hamas – balza da seimila a diecimila dollari nell'arco di due settimane mentre il costo di una stecca di dieci pacchetti di sigarette aumenta da ventotto a trentadue dollari. I miliziani di Hamas si rendono conto che al-Sisi non tornerà indietro e il confine con Gaza è destinato a diventare un canale d'acqua. Da qui la scelta di studiare da subito possibili contromisure: a cominciare dall'installazione di pompe d'acqua lunghe duecento metri nei tunnel esistenti, al fine di prepararsi a evacuare l'acqua marina se dovesse invadere improvvisamente i percorsi sotterranei.

Obiettivo Zamalek

Dal luglio 2013 al Cairo governa Abdel Fattah al-Sisi e guida una nazione assediata da tre minacce: i jihadisti di Isis nel Sinai, le milizie islamiche in Cirenaica e ciò che resta dei Fratelli Musulmani all'interno del Paese. Mohammed K. è un ex compagno di accademia militare di al-Sisi, si conoscono da quasi mezzo secolo e, nella sua casa di Nasser City ornata di quadri coranici e insegne militari, descrive «il più grande pericolo che incombe sulla nostra nazione».

Per spiegare di cosa si tratta, fa un passo indietro e racconta l'antefatto del colpo di mano dei militari contro il presidente Mohammed Morsi. «Nel giugno del 2013 al-Sisi è il ministro della Difesa di Morsi e viene convocato per un insolito incontro da Mohammed Badie, il leader dei Fratelli Musulmani all'epoca onnipotenti.»

L'argomento dell'incontro è l'esercito egiziano. Badie non si fida, teme che possa compiere dei passi «contro la Costituzione» e avverte al-Sisi: «Fate attenzione perché altrimenti anche noi potremmo avere un'opzione militare». Ciò significa minacciare il ministro della Difesa e al-Sisi interpreta le parole di Badie come la conferma dei suoi sospetti su quanto sta avvenendo nel Sinai: i Fratelli Musulmani, con il sostegno di Hamas e la complicità di tribù beduine, stanno addestrando una milizia jihadista al fine di disporre di uno strumento militare con cui fronteggiare le forze governative. Poiché nella Penisola del Sinai agisce Bayt al-Maqdis, al-Sisi arriva alla conclusione che il progetto di Morsi è in fase avanzata, anche grazie all'arrivo dalla Libia di contingenti d'armi provenienti dagli arsenali dell'ex regime di Gheddafi.

È una triangolazione che vede convergere sull'Egitto le armi del colonnello, le cellule dei Fratelli Musulmani provenienti da Gaza e le tribù che si vendono al migliore offerente. «È l'esistenza di questa morsa che spinge al-Sisi a guidare la rivolta militare che nel luglio fa cadere Morsi» spiega l'ex compagno di addestramento del generale, secondo il quale, «dal momento in cui al-Sisi è diventato presidente con la legittimazione del voto popolare, si è dato la missione di smantellare tale rete del terrore». Ma è anche vero l'opposto, ossia che la pressione militare sull'Egitto cresce da quando si insedia al Cairo: nel settembre 2014 Bayt al-Maqdis giura fedeltà allo Stato Islamico e inaugura una nuova stagione di attacchi che causa la morte di una dozzina di soldati, a Tripoli le milizie islamiche di Fajr Libia si impossessano della città obbligando il governo a fuggire a Tobruk e in Egitto i Fratelli Musulmani, seppur decimati da migliaia di arresti, si dimostrano capaci di resistere e riorganizzarsi. L'Egitto si ritrova così imprigionato fra tre fuochi avversari, con la pressione in aumento nel centro del Cairo: la morte del procuratore generale Hisham Barakat (29 giugno 2015), l'attentato al Consolato italiano (11 luglio 2015) e la decapitazione dell'ostaggio croato Tomislav Salopek (12 agosto 2015) mirano a portare il terrore a Zamalek ovvero l'area dei capitali più frequentata dagli stranieri.

È una strategia che vuole far franare l'economia egiziana spingendo gli stranieri, singoli, aziende e ambasciate, a fuggire facendo mancare attorno a loro le minime condizioni di sicurezza. Per comprendere perché tale strategia costituisce una minaccia reale, non solo per Zamalek ma per l'intero Egitto, bisogna andare ad Ain Shams, uno dei quartieri della capitale dove gli islamici hanno le proprie roccaforti.

Su Naam Square, Bassam vende cocomeri poco lontano da dove i Fratelli Musulmani il venerdì danno battaglia contro la polizia. Non mostra dubbi sull'origine dell'attentato al Consolato italiano: «La bomba? È venuta da Dio». Oltre due metri di altezza, *jalabiya* bianca e sandali, Bassam è scontento perché «da quando al-Sisi è diventato presidente la gente compra meno frutta, gli affari vanno male e i prezzi scendono ogni settimana che passa». Per spiegare cosa intende punta l'indice verso lo spaccio sul marciapiede alle spalle del suo banco: dozzine di persone fanno la fila per ritirare cibo con i buoni pasto comunali. Per cinque sterline egiziane, l'equivalente di 0,6 dollari, ogni capofamiglia ha diritto di ricevere – una volta al mese – un chilo di zucchero, un chilo di riso, uno di pasta e una bottiglia d'olio. «Senza questo cibo la mia famiglia non potrebbe mangiare» confessa George, tassista con moglie e tre figli, in paziente attesa di ritirare ciò che gli spetta.

All'angolo fra Naam Square e Ain Shams Street c'è un tabaccaio ambulante. Le sigarette sono fra i prodotti che più resistono all'impoverimento collettivo e Ibrahim, comprandone due pacchetti, dà la sua versione dell'attentato alla sede diplomatica italiana: «L'Egitto va a rotoli, il governo è contro il popolo, la gente è disperata, cosa volete che facciano?». Alla richiesta di spiegare perché la rabbia contro il presidente al-Sisi investa l'Italia, Ibrahim replica così: «Voi italiani dovreste saperlo, è amico vostro, no?».

Per i Fratelli Musulmani Naam Square è una roccaforte. Si sentono a casa perché è una piazza dalle dimensioni ridotte, immersa in un quartiere dove registrano grande popolarità sin dai tempi di Hosni Mubarak, e le stradine sterrate che si diramano ovunque offrono infiniti ripari dai blindati di esercito e polizia. Alcune vie sono talmente piccole e disseminate di ostacoli – carretti, spazzatura, rottami di auto e sedili improvvisati – da renderle quasi inagibili per le vetture. È in questi viottoli che si trovano le moschee dei Fratelli Musulmani. Non si tratta di edifici di culto con cupole e minareti bensì di palazzine occupate dai fedeli-militanti e trasformate in moschee: apponendo striscioni alle finestre e stendendo tappeti all'entrata. Sono le grandi scritte coraniche, in verde e rosso, a far capire che si tratta di moschee non «pubbliche», che nulla hanno a che fare con il governo. Anche perché i guardiani all'entrata, in *jalabiya* e sandali, non fanno complimenti nel respingere gli estranei.

Omar vende colorati addobbi di Ramadan a fianco della moschea Fatma Zahara – intitolata alla moglie del Profeta Maometto – e parla dei frequentatori quasi con soggezione: «Li vedo pregare ma non li conosco, con loro non c'entro nulla». Tanta ritrosia si spiega con il fatto che proprio da questa stradina, a fine marzo 2014, uscì un torrente di islamisti che si riversò nell'adiacente chiesa copta St. Virgin Mary. Bruciarono le auto all'entrata, i cassonetti dentro il cortile, molti arredi religiosi e la furia devastatrice travolse Mary Sameh George che stava portando medicine per i malati e venne linciata a morte.

Dentro la chiesa non c'è più traccia di queste violenze: il sacrario è stato riconsacrato, le immagini sacre sovrastano i fedeli e nel cortile i protagonisti sono gruppi di Boy Scouts adolescenti con divisa celeste e bandiera egiziana cucita sul petto. Ma i sorveglianti cristiani – che all'epoca non c'erano – sono molti e ben addestrati. Vegliano sull'entrata come se fosse un confine, bevendo e mangiando durante il Ramadan per sottolineare che l'uscio è una linea rossa ben definita con i musulmani.

A dieci minuti d'auto, nella chiesa di St. George il clima è diverso. Padre Paul, ex ingegnere elettronico, guida un gregge di diecimila fedeli che riempie la chiesa a ogni occasione, con canti e preghiere. «Noi cristiani soffriamo da 2015 anni, il primo fu Gesù Cristo, ciò che passiamo ci avvicina a lui» spiega, innalzando un piccolo crocefisso dorato che lui chiama «la mia bandiera». Guidare una comunità di copti nel quartiere dei Fratelli Musulmani è una missione da far tremare le vene ai polsi e padre Paul non si tira indietro davanti alla descrizione del nemico: «Dentro la testa di alcuni musulmani, come quelli di Isis, avviene qualcosa di terribile, si convincono che sia Dio a ordinargli di uccidere, è diabolico, innaturale, terribile». È un pericolo immanente con cui il prete copto sente di poter convivere, fino al punto di riuscire a batterlo, domarlo: «La preghiera è più forte della morte, non tutti i musulmani sono come questi pazzi, l'Egitto non è la Siria o l'Iraq perché qui c'è una radice comune, millenaria». Come dire, i jihadisti di Ain Shams non rappresentano l'Islam egiziano. È un messaggio che rimbalza davanti ai cancelli dell'ateneo Ain Shams, altro terreno di battaglia fra islamisti e polizia, perché gli studenti che riposano nei giardini parlano di Isis come qualcosa di lontano e distante: «Non ci riguarda». Anche se la minaccia è collettiva.

Cristiani assediati a el-Fayoum

Soldati con i giubbotti anti-proiettile, blindati trasporto truppe nelle strade del mercato, uffici governativi con le porte chiuse a chiave e mercati presidiati da agenti: questa è el-Fayoum, la capitale dell'omonimo governatorato dove i Fratelli Musulmani restano la forza politica più presente a dispetto della messa al bando da parte del governo di Abdel Fattah al-Sisi.

Fra i circa 350.000 abitanti vive una folta comunità di cristiani che si ritrova attorno a un pugno di chiese copte, a cominciare da quella dell'Arcangelo Michele circondata dalle stradine del mercato che si diramano da Mostafa Kamel Street. A guidarla è padre Minya, che ha lasciato la professione di medico per occuparsi «della salute della fede cristiana in questa terra».

Ci accoglie in un cortile dipinto di azzurro, circondato da un gruppo di alunne della scuola religiosa. Tutt'attorno immagini di santi accompagnano nei vari cortili di un complesso che assomiglia a una mini-città. Da fuori, le mura alte oltre venti metri impediscono di vedere cosa vi avviene dentro: riunioni sociali, preghiere collettive, consultazioni religiose per famiglie, lezioni, danze. È una cittadella della fede fervente cristiana immersa in una delle ultime roccaforti dei Fratelli Musulmani, da dove proviene almeno uno – Hassan Samir – dei sospetti attentatori al Consolato italiano al Cairo.

La violenza si affaccia spesso, come quando nel gennaio dello scorso anno, alcuni jihadisti in moto spararono verso il portone dell'entrata. Padre Minya descrive così i pericoli in cui è immerso: «Nascono da povertà e ignoranza, la piaga di questa terra è l'analfabetismo, migliaia di persone non sanno nulla e sono preda degli estremisti di ogni tipo, è questo terreno a generare i Fratelli Musulmani». Quando parla di «sottosviluppo e miseria» il prete copto ha gli occhi umidi. Ama questa terra «ma la vedo sofferente» e ritiene i jihadisti «il frutto generato dalla violenza» che si abbatte «non solo contro noi cristiani, giudicati infedeli, ma anche contro gli altri musulmani, accusati dagli estremisti di essere dei *takfiri*», dei corrotti. Mentre parla, attorno a lui si riunisce una piccola folla di fedeli. «Non c'è alcuna differenza fra i Fratelli Musulmani e Daesh» spiega il prete copto, adoperando l'acronimo arabo per Isis, perché «si tratta dell'espressione della stessa brutale violenza contro gli esseri umani creati da Dio». Quando gli chiediamo come si convive con un simile habitat, la risposta è una citazione del Vangelo: «Gesù Cristo ci ha detto di amare tutti, soprattutto i nostri nemici, di benedire chi ci maledice, di pregare per chi ci fa del male». L'odio è assente e il rifugio è nella protezione garantita dal governo di Abdel Fattah al-Sisi «perché crede in un Egitto dove tutti i cittadini sono uguali in quanto egiziani, senza differenze sulla base della fede». L'abbondanza di drappi nazionali – issati sulle mura, stampati sulle divise degli alunni, esaltati dai poster – stride con la loro pressoché totale assenza nei vicoli del circostante mercato di frutta, verdura, tappeti e ogni sorta di oggetti casalinghi.

A vegliare sulla sicurezza dei copti di questa chiesa-fortino – come delle altre di el-Fayoum – è Abdelsalem Nassim, quarantenne rappresentante del Waqf del Cairo, ovvero il ministero responsabile degli Affari religiosi. Il suo ufficio è al terzo piano di un edificio pubblico dove non si sente troppo al sicuro: le porte si chiudono dall'interno, non hanno chiavi perché le apre lui con un comando posizionato sotto la scrivania, e nella strada i soldati armati di mitra lasciano intendere qual è l'entità del pericolo in agguato. Gli attentati sono all'ordine del giorno, l'ultimo, settantadue ore prima, ha visto un ponte saltare in aria, uccidendo tre soldati. Questo è il motivo per cui i militari, con armi pesanti, presidiano le strade dentro grandi blindati blu. È un'atmosfera da guerriglia permanente ma Nassim è convinto di poter piegare «i nemici dell'Egitto»: «Fratelli Musulmani, Daesh, salafiti e jihadisti vari appartengono tutti allo stesso schieramento, vogliono distruggere questa nazione ma non glielo permetteremo, siamo qui per questo, grazie alla forza di un esercito espressione del popolo». E poi tiene a ricordare che «questa non è solo la terra di un terrorista come Hassan Samir ma anche di Rabie Shaban», ovvero il venditore ambulante rimasto ucciso dall'autobomba contro il Consolato. Come dire: el-Fayoum produce jihadisti ma anche vittime.

A tale proposito padre Minya ha qualcosa da dire agli europei: «Dovete chiedervi perché così tanti jihadisti vengono da Parigi e Londra, dalle vostre città, e spesso sono i più violenti e qui in Egitto ci troviamo a dover gestire le conseguenze di tanto odio». La soluzione, per il sacerdote copto, è in un «Islam capace di rinnovarsi». Il riferimento è alle recenti critiche di al-Sisi agli *ulema* (i saggi dell'Islam sunnita) dell'Università al-Azhar, caposaldo della fede sunnita, perché «non fanno abbastanza contro i jihadisti». «Ciò che serve sono nuovi libri per insegnare l'Islam» sottolinea padre Minya «per lasciarsi alle spalle una vecchia versione della fede che consente agli estremisti di proliferare, non solo a el-Fayoum, minacciando tutti noi.»

Fra Sirte e Ramada, Maghreb senza legge

Oltre i posti di confine egiziani a Musaid e Sallum inizia lo spazio del Maghreb divenuto oggetto di contesa fra potenze regionali e gruppi jihadisti dall'indomani della caduta del regime di Muammar Gheddafi, nell'ottobre 2011.

In quella che fino ad allora era la Jamahiriya libica convivono, combattendosi, più centri di potere: a Tobruk ciò che resta del governo legittimo è difeso dal generale Khalifa Haftar, sostenuto e armato dall'Egitto; Bengasi è contesa fra più milizie jihadiste che si alternano nel controllo di quartieri e singole strade; Sirte è in gran parte nelle mani dello Stato Islamico; a Tripoli prevalgono le milizie islamiche di Fajr Libia finanziate da Turchia e Qatar; Misurata è una sorta di area autogestita dalle tribù locali, intente soprattutto a fare affari con chiunque sia a portata di mano; il Fezzan è teatro di accordi e faide fra le tribù tuareg e tebu, i trafficanti di Isis, organizzazioni criminali locali, i gruppi di al-Qaida provenienti da Algeria e Mali e i jihadisti africani di Boko Haram alla ricerca di proprie rotte verso il Mediterraneo.

È uno spazio dove può capitare di assistere all'atterraggio su piste nel deserto di grandi aerei bielorussi carichi di armi destinate a clienti rivali. L'assenza di legge e sovranità si estende fino al sud della Tunisia, nel triangolo meridionale fra i confini libici e algerini, dove la città di Ramada è uno dei maggiori centri di reclutamento jihadista e di ogni sorta di traffici illeciti, dagli esseri umani alle armi provenienti dagli arsenali svaligiati dell'ex regime del colonnello.

In questo Maghreb, che evoca il Far West dei fuorilegge, i jihadisti di Abu Bakr al-Baghdadi perseguono l'edificazione del Califfato ripetendo la tattica che ha avuto successo in Iraq. Anzitutto il controllo dell'area natale del deposto tiranno – Gheddafi apparteneva a una tribù di Sirte e, come Saddam Hussein, era originario di Tikrit – per potersi impossessare della simbologia dell'ex regime.

Nel giugno 2014 al-Baghdadi si affrettò a conquistare Tikrit – poi perduta – per imporsi nel nord dell'Iraq così come in Libia le sue cellule hanno adoperato la città costiera di Derna, in Cirenaica, come trampolino verso Sirte, installando il quartier generale dello Stato Islamico nell'Ouagadougou Conference Center, ovvero l'imponente struttura creata da Gheddafi per ospitare i leader africani e rappresentare la proiezione africana della Jamahiriya. A meno di mezz'ora di auto dall'area tribale dove aveva la sua tenda e si rifugiava per sfuggire alla caccia di jet e satelliti dell'America di Ronald Reagan e Bill Clinton.

Le bandiere nere del Califfo dentro la sala dell'Ouagadougou, dove la Libia è raffigurata come tassello dell'Africa, consentono a Isis di presentarsi non solo a ciò che resta della Libia ma soprattutto ai Paesi del Sahel come il nuovo potente.

A ben vedere la strategia di penetrazione nel Sahara di al-Baghdadi segue le orme di Gheddafi: se il colonnello pregava in Ciad, si infiltrava nel Niger e sognava il dominio nel Sahara, Isis ha ottenuto l'adesione di Boko Haram, la feroce milizia jihadista nigeriana che ha iniziato a operare oltreconfine, minaccia le nazioni del Lago Ciad e invia le proprie cellule a combattere a Sirte per cementare una simbiosi, militare e ideologica, con il Califfato che ha l'obiettivo di controllare le rotte dall'Africa occidentale al Mediterraneo come strumento per moltiplicare i profitti ed esercitare un dominio spietato.

Come già fatto in Iraq, Isis dà battaglia contro i gruppi islamici rivali – la Brigata Abu Salim Martyrs e il Gruppo combattente islamico a Derna, Fajr Libia a Tripoli – per avere il monopolio del campo jihadista, punta al controllo di pozzi di petrolio e porti per generare introiti e dà la caccia agli infedeli. In questo caso però non si tratta degli odiati sciiti, che da queste parti scarseggiano, bensì dei cristiani: anzitutto i copti egiziani che lavorano nei cantieri locali, ma anche i migranti in arrivo dall'Etiopia e i tecnici stranieri impegnati in progetti energetici occidentali.[10]

È in tale cornice che la Tunisia diventa un terreno di espansione jihadista. Seifeddine Rezgui, autore della strage di turisti sulla spiaggia di Sousse del 26 giugno 2015, era stato addestrato in campi libici come prima di lui era avvenuto per gli autori dell'assalto di marzo al museo Bardo di Tunisi.

I tunisini compongono il contingente più numeroso di volontari arabi nei ranghi dello Stato Islamico perché i gruppi islamici nazionali sin dagli anni Ottanta inviavano volontari in Afghanistan per combattere contro l'Armata Rossa e poi hanno ripetuto il copione a sostegno dei bosniaci contro i serbi durante le guerre balcaniche.

Ansar al-Sharia in Tunisia, guidato fino al 2000 da Tarek Maaroufi e Sayf Allah Bin Hassine, dà origine al Gruppo combattente tunisino che, dopo l'11 settembre, opera assieme al Gruppo salafita per la Predicazione e il Combattimento – erede del Gruppo islamico armato algerino – generando nel 2007 al-Qaida nel Maghreb Islamico che opera dall'Algeria alla Libia, tentando di insediarsi a più riprese nel nord del Mali fino all'intervento francese del 2013.

Parigi riesce a impedire la nascita di un'enclave di al-Qaida in Mali, ma il risultato è di rivoluzionare il campo jihadista, consentendo a Isis di infiltrarsi appena un anno dopo, rubando leader locali, capi tribù e creando propri centri di addestramento.

I network di Ansar al-Sharia in Tunisia e Libia registrano dal 2014 una sovrapposizione cementata da almeno mille tunisini nei campi libici dove campeggiano le insegne del Califfo.[11] È proprio Ansar al-Sharia in Libia che sigla i patti con le tribù di Sirte grazie a cui Isis si impossessa dell'area natale dell'ex colonnello, a metà strada fra Tripoli e Bengasi, cuore geografico del Paese. Come fatto a Raqqa, in Siria, Isis consolida il controllo di Sirte gestendo scuole, ospedali, distribuzione del cibo, lezioni pubbliche di Corano e feroci esecuzioni pubbliche. Conquista piccoli centri urbani oltre la periferia per creare una cintura a difesa della città e utilizza il porto per la proiezione nel Mediterraneo: gli immigrati illegali fruttano meglio, ma le rotte che più contano sono quelle del traffico di sigarette perché consente anche di far arrivare armi e creare le premesse per ciò a cui il Califfo più mira, la pirateria sulle rotte fra Gibilterra e Suez sul modello di quanto riuscito agli al-Shabaab somali nell'Oceano Indiano fino all'inizio dei pattugliamenti militari di una task force internazionale.[12]

L'espansione di Isis nell'area fra Sirte e Ramada si spiega con la perdurante conflittualità fra Tobruk e Tripoli, con il risultato di generare minacce crescenti non solo verso Tunisia ed Egitto ma anche verso l'Algeria. Sebbene Algeri abbia reparti militari meglio addestrati, maggiore esperienza anti-terrorismo e armi più sofisticate degli altri Paesi del Maghreb, la porosità delle frontiere con Libia, Tunisia e Mali la espone a gravi rischi. A cui si aggiunge la difficoltà di creare strutture anti-terrorismo comuni con Niger, Mauritania e Mali.

Due delle più pericolose brigate di al-Qaida – Yusuf ibn Tashfin e Trek Bin Ziyad – si sono insediate nell'Adrar des Ifoghas, nord del Mali, a dispetto dei frequenti interventi francesi coordinati con le forze locali.[13] Rappresentando una spina nel fianco delle difese di Algeri che si somma alle cellule di Isis che operano da Ramada. Il sud dell'Algeria, stretto fra Isis e al-Qaida, è una delle frontiere avanzate della competizione fra gruppi jihadisti, dove fra i protagonisti più agguerriti vi sono la Brigata al-Ghurabaa, già parte di al-Qaida nel Maghreb Islamico, e il Battaglione al-Ansar, composto di nuovi militanti. Si tratta di unità di algerini, senza una visibile presenza di stranieri, e rafforzano la presenza di Isis in un territorio finora dominato da al-Qaida.

Ubari, dove i profughi diventano schiavi

Decine di migliaia di anni fa i primi esseri umani attraversarono la regione sub-sahariana per raggiungere l'Europa e l'Asia risalendo l'Africa lungo un cammino sul quale oggi si riversano migliaia di disperati determinati a rischiare la vita pur di conquistare il miraggio della ricchezza sulla sponda nord del Mediterraneo. Il percorso verso nord è da sempre rotta di traffici senza regole ma, se in passato le merci transitate erano olio, vino, pietre pregiate e oro, ora si tratta di carovane di disperati, spesso di schiavi che dall'Africa centrale transitano nel nord del Niger per entrare nel Fezzan libico sperando di raggiungere in qualche modo le coste di Tripolitania e Cirenaica e da lì attraversare il Mediterraneo.

Durante il regime di Muammar Gheddafi, durato oltre quarant'anni, il Fezzan era rimasto stabile per via della comune decisione delle tribù locali rivali dei tuareg e dei tebu di sostenere il colonnello e la sua Jamahiriya. Ma il rovesciamento del regime nel 2011 ha fatto riemergere l'antica rivalità, e attorno alla base militare di Ubari è iniziato un conflitto feroce, che ha portato nel Sahara il duello di milizie e Stati protagonista dei conflitti combattuti lungo le coste del Maghreb. Il motivo è che i due governi rivali della Libia, Tobruk e Tripoli, vogliono entrambi impossessarsi di un traffico di esseri umani il cui valore è stimato – al ribasso, secondo l'Organizzazione internazionale per le migrazioni – in almeno trecento milioni di dollari l'anno. Per gestirlo Tobruk, dove ha sede il governo legittimo riconosciuto dalla comunità internazionale, sostiene i tebu mentre Fajr Libia, le milizie islamiche della Tripolitania, fa altrettanto con i tuareg. La conseguenza è che i tuareg vengono risucchiati dalla galassia jihadista del Maghreb, che va da al-Qaida a Isis, mentre i tebu finiscono sotto la sfera d'influenza di Egitto ed Emirati Arabi Uniti, i grandi protettori di Tobruk. Per il controllo di Ubari le tribù del deserto si combattono, perdendo centinaia di uomini, innescando un conflitto più vasto che si ripercuote nelle postazioni militari che gli uni e gli altri hanno disseminato nel Sahara.[14] È un conflitto a fasi alterne che ha per palcoscenico lo spazio di deserto fra i confini di Algeria, Niger, Ciad e Libia e ha portato alla distruzione di buona parte della città di Ubari che durante il regime di Gheddafi era arrivata a contare fino a 35.000 anime.

La scelta dei tuareg di accettare l'alleanza con Fajr Libia nasce dalla convinzione che la galassia jihadista possa esprimere le nuove forze dominanti, da cui le tribù si aspettano di ricevere quanto Gheddafi gli promise senza mantenere: documenti di identità, scuole, sviluppo, posti di lavoro. L'impoverimento seguito al crollo del regime ha spinto i tuareg a dedicarsi al traffico di esseri umani proprio come, sul fronte opposto, hanno fatto i tebu, innescando una rivalità sui facili guadagni che, nell'ultima fase della dittatura, era anche politica perché i tuareg appoggiarono Gheddafi fino alla morte, mentre i tebu optarono per le forze rivoluzionarie, diventando di fatto gli interlocutori della Francia, loro grande protettore. Se a questo si aggiunge che le tribù di Misurata, alleate con le milizie di Tripoli, d'intesa con i guerriglieri tuareg controllano a Sebha il secondo maggiore giacimento petrolifero libico nel Sahara, è facile arrivare alla conclusione che la guerra tribale nel Sahara contiene tutti i tasselli del conflitto di interessi in Libia. Incluso l'ambiguo ruolo della Francia, che ha una base militare nel confinante Niger, ha duellato con i tuareg dall'epoca di Gheddafi e trova nel sostegno ai tebu un punto di incontro con i governi di Tobruk ed Egitto.[15]

Per Frontex, l'Agenzia dell'Unione Europea per il controllo delle frontiere, attraverso le rotte contese fra tuareg e tebu solo nei primi dieci mesi del 2015 sono passate almeno 130.000 persone, in maggioranza provenienti da Eritrea e Niger ma con importanti contingenti di Somalia, Siria, Afghanistan e Africa occidentale. Ognuno di loro paga circa mille dollari per raggiungere la Libia e da quel momento diventa oggetto di contesa fra tuareg e tebu che tentano di monetizzare ogni bisogno dei trafficanti, dal carburante al cibo fino alle armi, spingendoli a rifarsi sull'orda di disperati. Incapaci di tornare nei Paesi d'origine, senza il denaro necessario per rispondere a richieste sempre più esorbitanti dei trafficanti e costantemente contesi fra tuareg e tebu, i profughi finiscono spesso per trasformarsi in forza lavoro per trafficanti e milizie, ovvero loro schiavi.[16]

Agedabia, Marlboro Country

A centocinquanta chilometri a sud di Bengasi sorge Agedabia, dove fino al 2011 abitavano circa 75.000 persone, ma che ora assomiglia a una città fantasma a seguito dei ripetuti passaggi di mano durante la guerra civile fra milizie pro e anti-Gheddafi. Agedabia deve la sua importanza al fatto di essere uno snodo viario nevralgico fra Bengasi e Tripoli, lungo la costa, ma è nota soprattutto come la «Marlboro Country» del Maghreb, ovvero la roccaforte dei trafficanti di sigarette che fanno capo a Mokhtar Belmokhtar, l'imprendibile leader jihadista algerino sopravvissuto a più attentati, spietato con i nemici nonché conteso fra i più sanguinosi gruppi terroristici che operano in Maghreb.

Autore dell'assalto, nel 2013, all'importante impianto di gas algerino di In Amenas, più volte dato per «eliminato» dai servizi di sicurezza francesi e algerini ma sempre sopravvissuto, con il corpo segnato dalle gravi ferite e considerato il terrorista «Most Wanted» del Maghreb, Belmokhtar da almeno due anni si trova in Libia ed è protagonista di un singolare equilibrio fra organizzazioni jihadiste: ha abbandonato al-Qaida nel Maghreb Islamico, che contribuì a far nascere, ma ribadendo la fedeltà alla centrale di al-Qaida di Ayman al-Zawahiri resistendo al corteggiamento dello Stato Islamico, a cui hanno aderito molti dei suoi ufficiali.

La sua parabola descrive e riassume le trasformazioni dei gruppi jihadisti nel Nordafrica perché inizia quando va a combattere in Afghanistan negli anni Novanta contro i sovietici, continua con il ritorno in Algeria per affrontare il Gruppo armato islamico durante la cruenta guerra civile contro i militari e, quando al-Qaida nel Maghreb Islamico debutta, lo vede di nuovo protagonista in Mauritania, Ciad, Niger e ancora Algeria mettendo a segno attacchi e rapimenti di occidentali, incassando milioni di dollari e dunque potere nello scacchiere del Sahara. A dispetto di un occhio in meno e delle molteplici taglie che lo inseguono.

Dal 2012 ha un proprio gruppo, al-Muwaqi'on Biddam (Coloro che firmano con il sangue), che gli consente di muoversi con agilità fra le polizie che lo braccano e i jihadisti che lo corteggiano. È questa la genesi dello sbarco in Libia dove, nell'antico porto romano, può dedicarsi a ogni sorta di traffici illeciti al fine di trasformare la «Marlboro Country» in una fonte di ingenti guadagni personali. Riuscendo a ritagliarsi un proprio spazio nella sfida fra lo Stato Islamico, che sbarca a Derna e poi si insedia a Sirte, e importanti gruppi jihadisti locali come Ansar al-Sharia e la Brigata Abu Salim Martyrs. Il Pentagono tenta di eliminarlo, con un raid proprio sulla

«Marlboro Country», ma l'«Imprendibile», come lo hanno soprannominato i servizi francesi, riesce ancora una volta a fuggire confermando l'abilità nel dileguarsi e travestirsi. Ciò che lo distingue è la sovrapposizione fra jihad e traffico delle sigarette, ovvero la capacità di alimentare il proprio gruppo terroristico grazie a un business del valore stimato in Nordafrica in circa un miliardo di dollari l'anno, basato sul consumo di quattrocento miliardi di sigarette, sessanta miliardi delle quali vendute illegalmente. Algeria, Egitto, Libia, Marocco e Tunisia sommano – secondo gli studi dell'Ufficio delle Nazioni Unite per il controllo della droga e la prevenzione del crimine (Unodc) – circa il 44 per cento del mercato del fumo nell'intera Africa e per alimentarlo i trafficanti di «Mr Marlboro» – come Belmokhtar è spesso chiamato – operano nell'Africa occidentale oppure in Guinea, facendo muovere le spedizioni via terra attraverso il Mali o con chiatte lungo il fiume Niger. Una terza rotta passa per la Mauritania.[17]

I fedelissimi di «Mr Marlboro» gestiscono le rotte, con fuoristrada o piccole imbarcazioni, riscuotono tasse, garantiscono la distribuzione in Nordafrica e spesso anche l'export per ulteriori destinazioni: Spagna, Cipro, Turchia-Iraq e Nord America.

L'eccezione di Kairouan

Transizione democratica riuscita, Costituzione post-rivoluzionaria con i diritti delle donne e delle minoranze, un presidente eletto al termine di un delicato doppio turno e un governo di coalizione fra laici e islamici moderati: sono i tasselli dell'eccezione tunisina, ovvero di un Paese che dopo aver visto a fine 2010 l'inizio delle rivolte arabe contro i regimi autocratici, grazie al gesto disperato del venditore ambulante Mohamed Bouazizi, che si è dato fuoco in segno di protesta, resta un esempio in termini di coesione nazionale e capacità di intraprendere riforme.

All'origine di tale differenza c'è il partito Ennahda (Rinascimento), fondato nel 1981, islamico e messo al bando dall'ex dittatore Zine El Abidine Ben Ali, con una piattaforma politica che non include l'introduzione della sharia. Nel 2012 Ennahda vince le elezioni, diventando il primo partito islamico che arriva al governo nella stagione della «Primavera araba» con suffragio popolare, ma due anni dopo cede il potere senza colpo ferire quando a prevalere nelle parlamentari sono i laici di Nidaa Tounes (Appello per la Tunisia). È una scelta che viene messa in relazione all'influenza della scuola Maliki nella *fiqh*, la scuola di giurisprudenza islamica sunnita fondata da Malik bin Anas nell'VIII secolo che promuove un'interpretazione della sharia che dà maggiore peso agli aspetti pratici degli insegnamenti del Corano, degli *hadith* – i discorsi pronunciati da Maometto – e anche del consenso fra la popolazione di Medina, distinguendosi dalla teologia più rigida di altre scuole basate soprattutto su divieti e punizioni.

La moschea di Uqba a Kairouan – la prima costruita in Nordafrica, nell'anno 670 – ha visto la genesi della scuola Maliki esprimendo la versione dell'Islam entrata a far parte dell'identità tunisina. Anche in Marocco e Algeria – come nella Spagna e nella Sicilia sotto dominio musulmano – le moschee Maliki hanno proliferato, a differenza della Libia dove invece sono assenti.

È un retroterra che aiuta a comprendere perché, quando il presidente Beji Caid Essebsi – espressione di Nidaa Tounes – assegna al premier Habib Essid, compagno di partito, la guida del governo, nasce una compagine «mista»:

i laici hanno sei ministeri – incluso quello degli Esteri – mentre gli islamici moderati di Ennahda controllano il dicastero del Lavoro e alcuni degli incarichi più importanti – Interni, Difesa e Giustizia – vanno a ministri «indipendenti» sui cui nomi si costruisce il compromesso. È un equilibrio che si riflette nell'aula del Parlamento, dove Nidaa Tounes somma i propri 86 seggi ai 69 di Ennahda costituendo una maggioranza tanto solida – in totale i deputati sono 217 – quanto insolita nel mondo arabo.

Oltre alla matrice Maliki della giurisprudenza islamica locale, c'è anche un duplice aspetto sociale a consolidare l'eccezione tunisina: l'assenza di una frammentazione tribale simile a quella libica e la presenza del «Quartetto del dialogo nazionale», ovvero la formula di collaborazione fra il Sindacato generale del lavoro, la Confederazione di industria, commercio e artigianato, la Lega per i diritti umani e l'Ordine degli avvocati che iniziò nel 2013 per evitare che l'assassinio di due leader politici – Mohamed al-Brahmi e Chokri Belaïd – gettasse il Paese nel caos. Il comitato del Nobel ha assegnato nel 2015 proprio al «Quartetto» il premio per la Pace al fine di sottolineare il valore della stretta cooperazione fra le diverse anime della società tunisina: una formula che resta unica nel mondo arabo a fronte delle sanguinose guerre civili in atto in Siria, Libia e Yemen come delle difficili transizioni in corso in Egitto e Iraq. La collaborazione di governo fra laici e islamici moderati a Tunisi resta tuttavia vulnerabile a causa di un fondamentalismo che esprime non solo l'alto numero di volontari nei ranghi di Isis – circa tremila – ma anche imam locali, in piccoli e grandi centri, protagonisti di scelte estreme per sedimentare il jihadismo. Come ad esempio quella fatta dal comune di Ariana, affiggendo sul cancello della propria sede uno striscione inneggiante alla battaglia di Badr, ovvero alla lotta di Maometto contro i suoi oppositori della tribù di Quraysh alla Mecca: un evento bellico considerato da gruppi e predicatori fondamentalisti come la dimostrazione dell'intervento divino sulla Terra a protezione di chi persegue la jihad contro i nemici dell'Islam. Con gli attacchi terroristici al museo Bardo di Tunisi e sulla spiaggia di Sousse questi gruppi estremisti – a cominciare dallo Stato Islamico – hanno tentato di far implodere l'esperimento tunisino, puntando sul terrore nelle strade per allontanare la presenza degli stranieri che – nel turismo come negli investimenti – sono determinanti per sostenere l'economia nazionale.

Il regno del Sub-Sahara

Boko Haram, nel marzo 2015, giura fedeltà al Califfo dello Stato Islamico e il network jihadista trova nell'Africa sub-sahariana un alleato strategico di primaria importanza, capace, grazie ai suoi seimila guerriglieri ben armati e addestrati, di diventare l'anello di congiunzione fra gli al-Shabaab somali e le cellule del Maghreb.

L'adesione dei nigeriani di Boko Haram arriva con una dichiarazione audio del leader Abubakar Shekau, postata online in arabo con traduzione in inglese e francese. «La nostra intenzione è creare un Califfato basato sulla sharia islamica e guidato da un unico leader politico e religioso, Abu Bakr al-Baghdadi, meglio noto ai seguaci come Califfo Ibrahim» afferma Shekau, promettendo «fedeltà in tempi di difficoltà come di prosperità» per terminare con un appello a «tutti i musulmani ovunque» affinché si uniscano al progetto jihadista. Boko Haram si trasforma in questa maniera nello Stato Islamico dell'Africa occidentale e porta in dote al Califfato un esercito di almeno seimila guerriglieri che già controlla circa 20.000 chilometri quadrati a sud del Sahara, riuscendo a tenere testa agli attacchi portati con crescente intensità dalle forze regolari di Nigeria, Camerun e Niger. Si tratta del più poderoso alleato militare reclutato dal Califfo: non è chiaro se ciò sia il frutto solo di convergenze ideologiche – entrambi esaltano la guerra ai cristiani – o di una vera e propria trattativa politico-militare.

Boko Haram è impegnata dal 2009 in una sanguinosa campagna militare per imporre il dominio jihadista sul nord della Nigeria, a scapito anzitutto delle popolazioni cristiane vittime di orrende violenze, e ha mostrato un crescente interesse per il Califfato che ha portato al *bayah*, la formale dichiarazione di adesione, seguendo lo stesso percorso che, dal 2014, ha visto protagoniste altre sigle jihadiste in Nordafrica. In Egitto è stato Bayt al-Maqdis, in Algeria Jund al-Khalifa, in Libia Ansar al-Sharia e fonti arabe dal Cairo assicurano che «i governi di Tunisi e Rabat temono simili sviluppi anche in casa propria». Nel caso di Boko Haram colpisce come il *bayah* arrivi a breve distanza da una decapitazione di «infedeli» realizzata e filmata con tecniche analoghe a quelle di Isis.

Dopo ogni *bayah* la prassi del Califfato vuole che al-Baghdadi renda pubblico un editto di «accettazione»: avviene anche in questo caso, dopo appena otto giorni, ed è da quel momento che la nuova organizzazione entra a far parte del network jihadista che in Africa include anche cellule nel Mali settentrionale, Mauritania e gli al-Shabaab somali. Sullo scacchiere africano poter contare su solidi «alleati» in Somalia, Nigeria e Libia consente a Isis di ipotizzare la gestione di vasti traffici illeciti, di uomini e materie prime, capaci di autoalimentare la propria struttura continentale a cavallo del Sahara, in maniera analoga a quanto è riuscito a fare in Iraq e Siria.

Ma al network del Califfo in Africa manca ancora il jihadista che più corteggia, l'imprendibile algerino Mokhtar

Belmokhtar, a garantirsi un ruolo da leader regionale. Che ora Abu Bakr al-Baghdadi potrebbe garantirgli, pur di riuscire ad arruolarlo.

La capacità di Boko Haram di controllare vaste regioni nel nord-est della Nigeria, imponendosi attraverso brutali violenze di massa, si spiega con il fallimento degli sforzi militari finora condotti per sconfiggerlo sul campo. Dalla formazione, Boko Haram trova solo una debole resistenza da parte dell'esercito nigeriano. La situazione muta a partire da aprile 2014, quando i jihadisti africani rapiscono 276 ragazze a Chibok, spingendo gli Stati Uniti a inaugurare una cooperazione anti-terrorismo con Abuja, nel tentativo di liberarle, che porta anche alla nascita di un patto d'azione militare fra i Paesi del Lago Ciad per tentare di sconfiggere i miliziani di Abubakar Shekau.

Ma tanto il patto Usa-Nigeria quanto la cooperazione militare regionale vanno in frantumi. Appena il Pentagono inizia a consegnare camion ed equipaggiamento – armi leggere – si verificano frizioni con Abuja perché alcuni militari nigeriani vengono accusati di «violenze contro i civili» adoperando proprio gli equipaggiamenti «made in Usa». Seguono mesi di tensioni fra i due governi, che portano Washington prima a sospendere i sorvoli dei droni per cercare le ragazze rapite, poi ad annullare la consegna di elicotteri Cobra e infine ad arrestare l'addestramento di un battaglione anti-terrorismo nel quartier generale dell'esercito ad Abuja. L'ambasciatore nigeriano a Washington, Ade Adefuye, protesta con la Casa Bianca affermando che «sono stati terroristi di Boko Haram con divise dell'esercito a compiere le violenze contro i civili» e che il blocco della fornitura dei Cobra arreca «grave danno all'intesa anti-terrorismo». Ma l'amministrazione Obama aumenta la pressione, fino a contestare all'allora presidente Goodluck Jonathan «politiche che alienano la popolazione musulmana nel nord» giocando a favore di Boko Haram. Da qui la decisione del segretario di Stato John Kerry di aprire un Consolato Usa a Kano per «cercare il dialogo con i musulmani nigeriani» nella convinzione che «Boko Haram è un problema che non ha solo una soluzione militare».

Arenatasi l'intesa con gli Usa, l'iniziativa militare passa a Camerun, Niger e Ciad, ovvero gli altri tre Paesi che con la Nigeria si affacciano sul Lago Ciad: accomunati dal timore di contagi jihadisti da parte di Boko Haram, concordano la creazione di un contingente congiunto da inviare in una base nigeriana nella regione di Baga per operazioni di anti-terrorismo. Ma Abubakar Shekau li prende in contropiede, lanciando la sanguinosa operazione, nel gennaio 2015, che da un lato espugna la base e dall'altro fa scempio delle popolazioni locali, causando oltre duemila vittime con una pulizia etnica che consolida il controllo dell'accesso proprio sul Lago Ciad. La contromossa di Camerun e Ciad è posizionare truppe nazionali attorno al lago per prevenire infiltrazioni ma ciò implica mano libera per Boko Haram nel nord-est della Nigeria, tanto più che Abuja è paralizzata dalle elezioni che segnano il tramonto della presidenza di Goodluck Jonathan. Da qui l'iniziativa del presidente del Ghana, John Mahama, di proporre alle quindici nazioni dell'Africa occidentale di creare un contingente Ecowas, simile a quello impegnato in Darfur, per chiedere al Consiglio di sicurezza dell'Onu un mandato di intervento contro Boko Haram. «Da soli i nigeriani non ce la fanno e neanche il Camerun da solo può bastare, dobbiamo muoverci assieme» sostiene Mahama, appoggiato dall'ex segretario generale dell'Onu Kofi Annan. La Francia è pronta a «sostenere una missione Ecowas» ipotizzando l'invio di armi, equipaggiamento e forse truppe speciali. Per affrontare una campagna anti-jihadista che dal Sub-Sahara potrebbe raggiungere le sponde del Mediterraneo.

4

L'Europa sulla linea del fuoco

Operazione «Pandemonio»

Il Califfo vuole uno sbocco sul mare per lo Stato Islamico e ordina ai comandanti delle operazioni in Siria di trovarlo a Tripoli, nel nord del Libano. A rivelare la scelta strategica del leader di Isis è Ahmed Mikati, uno dei suoi «colonnelli» catturato nell'ottobre 2014 dall'esercito libanese. Mikati viene arrestato a Dinniyeh, l'intelligence di Beirut – libanesi e Hezbollah – lo considera uno degli uomini «più importanti di Isis» nel Paese dei Cedri e il contenuto degli interrogatori affiora sulla stampa locale.

Fra le informazioni che rivela c'è il legame fra l'offensiva di Isis nella provincia siriana di Homs e la richiesta del Califfo di «penetrare nel nord del Libano» per «creare un emirato nella città di Tripoli». L'offensiva di Qalamun, lungo il confine orientale della Valle della Bekaa, punta ad aprire il terreno a una penetrazione nelle aree settentrionali del Libano, a forte maggioranza sunnita, e dunque a Tripoli, divisa a metà fra sunniti e alawiti. Quando gli ufficiali della sicurezza chiedono al prigioniero di spiegare il progetto dell'«emirato», la risposta è nella «necessità di un porto sul Mediterraneo». Il primo e più importante motivo, spiega Mikati, è «di natura economica» perché il Califfo vuole «trovare uno sbocco al Mediterraneo al fine di esportare il greggio estratto soprattutto in Iraq ma anche in Siria». Isis pianifica un sistema di trasporto del greggio con cisterne via terra lungo l'arteria Mosul-Raqqa-Homs che termina a Tripoli, per consentire al Califfato di non dipendere più dai trafficanti che operano in Turchia e altrove. Il secondo motivo dell'urgenza del porto riguarda «il traffico di armi» per la possibilità di far attraccare navi cargo capaci di portare a destinazione armi pesanti, come tank e blindati. È uno scenario che lascia intendere quanto la struttura dirigenziale del Califfato persegua un'economia su grande scala e anche un conflitto di lunga durata. Ultimo, ma non per importanza, il terzo motivo illustrato dal «colonnello» è quello di «usare il Mediterraneo per operazioni contro gli infedeli»: dai barchini kamikaze allo spostamento di terroristi fino alla pirateria.

Sono rivelazioni che fanno riconsiderare alla sicurezza libanese quanto avvenuto nel 2012 con la barca Lutfallah II, intercettata mentre portava armi ai ribelli siriani: è questo tipo di operazioni che il Califfo considera necessarie per aprire un fronte d'azione nel Mediterraneo. Il contenuto degli interrogatori di Ahmed Mikati interessa anche l'antiterrorismo europeo in ragione delle implicazioni che può avere sull'altro teatro di operazioni di Isis nel Mediterraneo: la Libia. I jihadisti si sono insediati nella città costiera di Derna prendendo il controllo del suo porto a Ras al-Helal, che dista 306 chilometri dall'isola greca di Creta, ovvero appena otto chilometri in più della distanza da Tripoli a Lampedusa. E quando lo perdono la contromossa è prendere Sirte confermando l'interesse per le aree con strutture portuali, perché l'intento è trasformare il

Mediterraneo in una trincea. A spiegarlo con lucidità è Abu Arhim al-Libim, alto ufficiale di Isis a Sirte, che descrive la Libia come un «immenso potenziale per il Califfato» in ragione del fatto che «vi sono ingenti quantitativi di armi di Gheddafi a disposizione, dista meno di cinquecento chilometri dal continente europeo e ha una lunga costa da dove le nazioni meridionali dei crociati possono essere raggiunte con facilità anche con imbarcazioni rudimentali». A tal riguardo al-Libim aggiunge che «il grande numero di viaggi attraverso il Mediterraneo da parte di immigrati illegali può essere sfruttato e sviluppato strategicamente al fine di scatenare il pandemonio negli Stati europei, portando alla chiusura delle rotte marittime e consentendo di attaccare navi e petroliere».[1]

Tale visione dell'assalto al Mediterraneo è contenuta in un documento di Isis intitolato *Libia, porta strategica per lo Stato Islamico*, nel quale si illustra come la «posizione strategica di questa regione» consente ai jihadisti di «guardare al mare, al deserto, alle montagne e a sei Stati: Egitto, Sudan, Ciad, Niger, Algeria e Tunisia». Si tratta di una piattaforma territoriale da cui il Califfato può operare tanto per estendere il teatro di operazioni al Mediterraneo che per rafforzare la propria proiezione in Africa, grazie ai legami con Boko Haram nel Sahel e alle cellule salafite nel Sahara.[2]

A prendere sul serio quanto dice al-Libim sull'Operazione «Pandemonio» nel Mediterraneo è Elias Bou Saab, ministro dell'Educazione a Beirut e fondatore dell'American University a Dubai, secondo il quale «almeno il 2 per cento degli oltre 1,1 milioni di profughi siriani in Libano è composto da jihadisti sanguinari che si propongono di mischiarsi al flusso di chi vuole raggiungere l'Europa». Ciò significa credere che almeno 20.000 persone che hanno superato il confine terrestre dalla Siria al Libano «fanno parte di un piano jihadista segreto per esportare il terrore in Libano, nel Mediterraneo e in Europa» aggiunge il ministro, premurandosi di precisare che «c'è anche il confine terrestre fra Turchia e Grecia».[3] Ad avvalorare questi timori vi sono sermoni jihadisti come quello che viene pronunciato l'11 settembre 2015 nella moschea di al-Aqsa, a Gerusalemme, da un predicatore improvvisato che afferma: «L'Europa vuole i rifugiati musulmani per sfruttarne il lavoro e noi andremo lì per conquistare quelle nazioni, gli europei hanno perso la fertilità e noi alleveremo i nostri figli fra loro, raccoglieremo i frutti dei profughi nel futuro Califfato».[4]

Ma il flusso di migranti verso l'Europa è anche fonte di preoccupazione per i jihadisti. L'Operazione «Pandemonio» è il tassello di un evento assai più imponente – per quantità di persone coinvolte e conseguenze politico-sociali – che allarma lo Stato Islamico perché infonde il timore di una fuga generalizzata dalle terre dell'Islam verso quelle degli infedeli capace di delegittimare le fondamenta stesse del Califfato. «Non andate nelle terre degli infedeli» e «cadrete nelle trappole dei crociati» sono gli slogan di una campagna di video postati online per tentare di frenare la fuga di masse di musulmani dalle «terre del nostro Califfato» verso l'Europa. Immagini e messaggi si articolano in proclami letti da miliziani jihadisti – in abiti tribali che evocano Siria, Iraq, Arabia Saudita e Yemen – sull'invito a «restare nella Casa dell'Islam», sovrapposti a frasi del Califfo al-Baghdadi sugli «inganni degli infedeli», il tutto arricchito da fotografie di profughi disperati sui gommoni nel Mediterraneo e interviste ad abitanti di Raqqa sulla «vita tranquilla e sicura» nella capitale dello Stato Islamico. In un caso Isis sfrutta immagini scattate dalla marina militare italiana in cui si vedono barconi di migranti avvicinati da una nostra nave. Nel video diffuso dalla «Provincia di al-Khair», una regione saudita, si vede un jihadista spiegare che «è un dovere di tutti i musulmani vivere nella Casa dell'Islam e abbandonare la terra degli infedeli» contrapponendo i «campi dell'abbandono» dove i rifugiati «vengono rinchiusi» alla «vita con dignità» possibile nelle strade di Raqqa. Un altro miliziano jihadista spiega che «le Ong che aiutano i migranti a raggiungere l'Europa sono parte di una campagna di inganni per la cristianizzazione dei musulmani», sottolineando che «chi muore affogando mentre va dai crociati non diventa un martire come coloro che cadono combattendo per lo Stato Islamico». Nel video postato dalla «Provincia di Hadramaut», nello Yemen del Sud, il jihadista di Isis approfondisce la motivazione religiosa della condanna dei migranti: «Si rendono colpevoli di *haram*», un'azione proibita, perché «il dovere dei musulmani è compiere l'*hijra* muovendosi dalla Casa della Guerra alla Casa dell'Islam», come fanno i volontari stranieri che scelgono di andare a combattere per il Califfo. «Finirete in Paesi dove è impossibile coprirsi con il velo, nelle mani di trafficanti di uomini, non avrete né dignità né sicurezza» aggiunge il video, concludendo che «è meglio restare nello Stato Islamico».

Avamposto sul Mediterraneo

I drappi neri sulla città libica di Sirte, il «ponte verso l'Europa», come recitano i comunicati dei portavoce del Califfo, a metà strada fra Tripoli e Bengasi, proiettano verso il Mediterraneo tre pericoli: atti di pirateria, traffici di armi e petrolio, masse di profughi. Il patto fra le cellule dello Stato Islamico e Ansar al-Sharia, il gruppo che uccise a Bengasi l'ambasciatore Christopher Stevens l'11 settembre 2012, si sviluppa sul controllo della fascia costiera perché è questa regione a essere considerata dal Califfo – stando ai comunicati dei suoi portavoce – il «ponte verso l'Europa».

Per comprendere l'entità dei rischi bisogna guardare a come vengono gestiti gli altri territori controllati da gruppi jihadisti. A cominciare dalla Somalia degli al-Shabaab, che si sono posizionati lungo le coste del Corno d'Africa e si autofinanziano con la pirateria più spericolata che ha obbligato lo schieramento di una task force internazionale nell'Oceano Indiano. La Libia è terra di pirati dalla fine del Settecento, al punto che i Marines vi sbarcarono nel 1805 per un'incursione di terra ancora oggi ricordata nel loro inno, e può tornarlo perché la cattura di navi commerciali in transito è la forma più agile per trovare risorse. Basti pensare che davanti alle coste libiche passa il traffico marittimo che collega Gibilterra al Canale di Suez, ovvero l'Atlantico all'Estremo Oriente. Le coste fra Derna e Sirte, area di insediamento jihadista, offrono facile riparo a barchini che, sul modello degli al-Shabaab, possono minacciare le rotte nel Mediterraneo centrale trasformandosi in una fonte di autosostentamento per qualsiasi gruppo terroristico o clan criminale. Uno dei principi su cui si basa lo Stato Islamico è mantenersi sfruttando al massimo le risorse trovate *in loco*, come è nella tradizione delle tribù del deserto, e in Libia si tratta del mare e del greggio.

Da qui lo scenario anche del possibile uso delle acque antistanti alla Libia per traffici illeciti di petrolio da vendere sul mercato nero e armi da importare da ovunque, in maniera analoga a quanto i jihadisti riescono a fare lungo il confine fra lo Stato Islamico – ex Siria-Iraq – e la Turchia di Recep Tayyp Erdoğan. L'eventualità di un Golfo della Sirte in balia dei barchini kamikaze dei jihadisti trasformato in piattaforma di traffici illegali di armi e petrolio nel Mediterraneo è una prospettiva da far tremare le vene ai polsi, divenuta reale a causa del collasso delle autorità di Tripoli e dell'insediamento lungo la costa di gruppi, clan, tribù e cellule di fedeltà diversa ma accomunati dalla volontà di aumentare i profitti.

È l'intero Mediterraneo a dover fare i conti con tali pericoli libici, ma per l'Italia ve ne sono due in più. Primo: la vulnerabilità delle strutture energetiche, a cominciare dal terminal di Mellitah, da cui importiamo 300.000 barili di greggio al giorno, e il gas naturale del Greenstream che arriva fino a Gela, in Sicilia, per collegarsi alla rete dell'Europa meridionale. Secondo: le minacce che Isis continua a recapitarci online identificandoci come il nemico da colpire in quanto simbolo della cristianità da umiliare e sottomettere. Ad aprire una finestra sull'ideologia jihadista che vede nelle ondate di profughi uno strumento per dare l'assalto al Vecchio Continente è l'imam sunnita palestinese Sheikh Muhammad Ayed che, parlando nella moschea di al-Aqsa a Gerusalemme, afferma: «Non è la compassione che spinge nazioni europee come Germania, Francia e Italia ad accogliere i rifugiati ma il fatto che si tratta di nazioni decrepite, senza nascite, che odiano i musulmani ma hanno bisogno delle nostre braccia per le loro economie». Da qui la possibilità per i musulmani di «far crescere i nostri figli con i loro» al fine di «conquistare queste nazioni» nell'arco di una generazione. «Presto gli diremo di ridarci i profughi» promette «e li riprenderemo in nome del Califfato.» Ovvero: non è un'immigrazione tesa all'integrazione ma alla conquista dell'Europa.[5]

Parigi, l'inizio della tempesta

L'inizio di una tempesta jihadista sull'Europa e la volontà di precipitare la Francia in una guerra civile di stampo siriano: sono i messaggi con cui Isis rivendica il massacro di Parigi del 13 novembre 2015, sovrapponendo strategia militare e propaganda. In genere Abu Bakr al-Baghdadi affida le rivendicazioni degli attentati alle cellule che li realizzano – come avvenuto con la Provincia del Sinai in occasione della bomba sull'aereo russo decollato il 31 ottobre 2015 da Sharm el-Sheik – ma in questa occasione il testo viene dal quartier generale di Raqqa, la capitale. L'intento è assegnare al «principe dei fedeli» la paternità dell'attacco alla Francia e il motivo si evince dalle prime righe del documento, lì dove si parla di «inizio della tempesta».

Se nel novembre 2014 al-Baghdadi aveva chiesto ai jihadisti di «far esplodere i vulcani sotto i regimi apostati e corrotti» per far nascere cellule autonome in più Stati – come in effetti è avvenuto – adesso parla di «tempesta» perché vede nell'assalto a Parigi un momento di svolta delle operazioni militari. L'attacco non è isolato, l'intento è dare inizio a un'offensiva destinata a durare nel tempo contro le «nazioni dei crociati» che «combattono contro di noi»: «Non vivrete mai in pace». A diciassette mesi dalla creazione del Califfato, al-Baghdadi porta la guerra in Europa ed è determinato a tenere aperto questo nuovo fronte. Se la strage a «Charlie Hebdo» e l'attacco all'HyperCacher, entrambi nel gennaio 2015, furono eventi singoli, adesso si tratta di un'operazione in grande stile, di vera guerra: un commando di terroristi, armato di kalashnikov e corpetti esplosivi, semina morte in più quartieri di Parigi, tenendo in scacco per ore le forze dell'ordine, testimoniando la capacità di controllare il territorio di un Paese nemico, come fecero i jihadisti pakistani di Lashkar-e Taiba a Mumbai la notte del 26 novembre 2008. Come i miliziani del Califfo riescono a fare in più località della Siria, dell'Iraq e della Libia. È l'esportazione della jihad nelle «terre degli infedeli».

Il palcoscenico di questa prova di forza è la Francia, per più ragioni convergenti che ne fanno un simbolo: è lo Stato europeo più impegnato nella coalizione anti-Isis guidata dagli Usa, il presidente François Hollande ha già guidato un intervento anti-jihadista nel nord del Mali, il premier Manuel Valls si è detto «in guerra contro l'estremismo islamico» dopo la strage di «Charlie Hebdo» ed è una nazione percepita come la capitale di valori e costumi dell'Occidente che Hasan al-Banna, fondatore dei Fratelli Musulmani negli anni Venti, disprezzava indicandoli come simbolo di degenerazione morale. I killer che hanno fatto strage al Bataclan, uccidendo uno a uno gli ostaggi catturati fra la folla che assisteva a un concerto, rappresentano per al-Baghdadi la materializzazione della visione di Hasan al-Banna, padre dell'ideologia jihadista, che voleva spingere i musulmani proprio a tale rivolta violenta contro il modo di vita dell'Occidente.

Ma non è tutto: la Francia ha dato almeno mille *foreign fighters* alle forze del Califfo e, come si legge nel testo della rivendicazione, è guidata dall'«imbecille Hollande» e ha in Parigi «la capitale della prostituzione e del vizio», emblema di degrado morale e quindi di debolezza. Si tratta dunque di un nemico dall'alto valore simbolico, ma anche vulnerabile. Per questo al-Baghdadi fa sfoggio di potenza: i passaggi sul massacro descrivono Parigi come un campo di battaglia con «obiettivi accuratamente scelti», inclusi la «partita fra le nazioni crociate Germania e Francia» e il teatro Bataclan, che sin dal 2011 l'Esercito dell'Islam – un altro gruppo estremista – aveva nel mirino per via dei proprietari di origine ebraica. Il Califfo mette l'accento sui «fratelli armati di fucili e avvolti nell'esplosivo» che hanno avuto successo contro una nazione debole e corrotta perché vuole spingere altri jihadisti a emularli e colpire. Non solo in Francia e Belgio, da dove alcuni di loro provengono, ma ovunque in Europa. Per questo, in un audio diffuso separatamente, un miliziano che parla in francese si rivolge ai musulmani residenti nell'Esagono e chiede loro di «infondere il terrore» nei concittadini: «Non devono sentirsi sicuri neanche al mercato».

La scommessa è fare breccia nelle comunità degli immigrati musulmani, convincere i più giovani che il destino appartiene al Califfato e che la Francia può essere trasformata in un campo di battaglia, da dove iniziare la conquista dell'Europa. Seguendo ogni strada possibile: la penetrazione attraverso i Balcani abitati da grandi comunità musulmane, lo sbarco nell'Andalusia che appartenne ai Califfi o la marcia su Roma simbolo della cristianità da sottomettere. È questa lettura della mappa d'Europa come un teatro militare che spiega perché la data prescelta per le stragi di Parigi evoca una vendetta storica: il 13 novembre 1918 le truppe alleate occuparono Costantinopoli infliggendo all'Impero ottomano, allora sede del Califfato, la sconfitta che al-Baghdadi si propone di riscattare.

Infiltrazioni dai Balcani

«L'Islam sta tornando in Europa per difendere i musulmani e terrorizzare gli infedeli»: con un video di venti minuti il Califfato preannuncia attacchi nei Balcani, invitando alla lotta armata i «seguaci di Allah» in Bosnia, Albania, Kosovo e Macedonia.

Realizzato da al-Hayat Media Center, la casa di produzione dello Stato Islamico, il filmato *Onore nella jihad* viene postato all'inizio di giugno 2015, alla vigilia della visita di papa Francesco a Sarajevo, e ha come tema centrale la volontà di estendere al Califfato gli Stati a maggioranza musulmana dell'ex Federazione jugoslava. Sullo sfondo di una ricostruzione storica della «prima conquista musulmana dell'Europa» dai toni epici, e con tecniche hollywoodiane, il video si affida ai volti di un gruppo di mujaheddin balcanici che, parlando a volto scoperto e in lingua slava, preannunciano «terrore contro i crociati».

Abu Jihad al-Bosni chiede ai musulmani dei Balcani di «unirsi al Califfato passando dal buio alla luce, con le parole o con le armi». E Salahuddin al-Bosni imbraccia un kalashnikov sullo sfondo della «terra delle montagne» per spingere i bosniaci a «usare esplosivi contro macchine e case degli infedeli» fino ad «avvelenargli il cibo» perché «Allah ci premierà con terre spaziose». È costante il richiamo alla strage di Srebrenica, la località bosniaca dove nel 1995 le milizie serbe di Ratko Mladić massacrarono oltre ottomila musulmani. «Dobbiamo fare strage di crociati in Europa se vogliamo impedire la ripetizione di Srebrenica» dice Abu Safiah al-Bosni mentre un altro mujaheddin, Abu Muhammad al-Bosni, invita alla «rivolta contro gli attuali leader» della Bosnia-Erzegovina, identificandoli con i responsabili di «stragi del passato» raffigurate sovrapponendo immagini di blindati Onu, aerei da guerra Usa e generali serbo-bosniaci. Una cartina dettagliata accompagna i fotogrammi, indicando nei confini di Bosnia, Albania, Macedonia e Kosovo le aree dove il Califfato è destinato a estendersi portando ai «seguaci di Allah» la stessa «vita nel rispetto del Corano» che Abu Maryam al-Albani illustra nelle strade di una città siriana, mostrandosi mentre passeggia nei giardini con una moglie coperta dal chador e un bambino per mano. L'intento è preannunciare l'avvento del Califfato in Europa, ovvero l'estensione ai Balcani dell'area controllata dai jihadisti di Abu Bakr al-Baghdadi. «La nostra forza» conclude Abu Muqatil al-Kosovi «è di amare la morte più di quanto voi infedeli amate la vita, vi porteremo la morte nelle case, negli uffici, nelle strade e anche dentro i vostri sogni quando dormite.» Le ultime immagini sono di un veterano settantenne della guerra di Bosnia che sceglie di tornare a indossare la divisa e riprende in mano il fucile per continuare contro «crociati e infedeli» la guerra iniziata a metà degli anni Novanta.

A prendere sul serio il messaggio del video sono i governi di Montenegro, Bosnia-Erzegovina e Serbia, i cui ministri degli Interni concordano una strategia di «guerra totale» a Isis basata sulla convinzione che i Balcani siano il fronte di maggiore espansione europea del Califfato, grazie a circa quattromila bosniaci volontari nello Stato Islamico che sono al centro di un processo di insediamento regionale, creando micro-cellule con il compito di mettere radici nel Vecchio Continente.[6] Per la Croazia, tali «cellule europee» sono frutto di una cooperazione fra jihadisti balcanici e del Caucaso che si nutre anche di «persone che arrivano facendosi registrare come profughi siriani».[7] Ciò che colpisce è come gli Stati balcanici individuino nella guerra civile in Siria il volano che ha consentito di trasformare i jihadisti locali in una concreta minaccia alla sicurezza collettiva: il flusso di volontari nei ranghi delle unità anti-Assad all'inizio del 2014 era di poche centinaia di singoli individui – anche da Albania e Kosovo ma soprattutto dalla Bosnia – che nell'arco di un anno sono stati trasformati in un network ben organizzato, capace di esprimere una strategia tesa a innescare la rivolta di intere comunità urbane.[8] Sotto tale punto di vista il video di al-Hayat si presenta come un momento di svolta, una sorta di messaggio collettivo da parte delle cellule di Isis ai musulmani dei Balcani, per spingerli alla sollevazione violenta. La priorità non è più realizzare singoli attentati o gestire traffici illeciti al fine di raccogliere risorse preziose, bensì creare infrastrutture capaci di esprimere, nel medio periodo, una sorta di rivolta popolare. È un approccio che si ritrova nel progetto della «Marcia su Roma».

Marcia su Roma

«Trasformatevi da lupi solitari in gang per poter marciare su Roma»: è l'ordine dello Stato Islamico ai jihadisti in Occidente contenuto in un ebook di 45 pagine disseminato di consigli pratici su come portare la guerriglia nei centri urbani e la conclusione è dedicata all'assalto all'Italia. «Gang in arabo si dice *usbah* e significa essere legati dalla forza» spiega il pamphlet digitale, e per crearne una «bisogna essere fedeli come fratelli» nonché avere «l'obiettivo» di «imporre la guida di Allah sulla Terra». Da un punto di vista organizzativo «serve un leader carismatico» che vive «nel quartiere dove è nato e di cui la gente si fida» perché «proietta potere» ottenendo «la simpatia degli abitanti, garantendogli sicurezza, servizi e lavoro» e ricevendo in cambio «lealtà e tasse»: un modello che evoca il controllo del territorio da parte di cosche mafiose, che si finanziano con il racket.

È su queste basi che Isis suggerisce ai jihadisti europei, americani e australiani di «trasformarsi da lupi solitari in gang» attraverso due strade parallele: «Fare propaganda o attività militari». Per propaganda si intende «incoraggiare la vostra comunità musulmana alla beneficenza *in loco* e non all'estero». «Immaginate di essere attaccati dai neo-nazisti e chiedetevi cosa serve» suggerisce, indicando «mansioni mediche, lezioni di pronto soccorso e tecniche di autodifesa» come le opzioni preferite. «Dovete conquistare cuori e menti della vostra comunità» aggiunge. E in questo caso il riferimento è all'«apertura delle *dawah*», ovvero dei centri di informazione sull'Islam, dove la gente «può essere attirata offrendo cibo gratis». Si tratta di una costruzione di gang dal basso, dall'interno delle comunità musulmane in Occidente, per «rafforzarne la coesione rimuovendo il timore nei confronti di polizia, forze armate e autorità locali». La strategia per riuscirci è la *tawwahhush*, ovvero «isolare i musulmani dal resto della società» per «evitare interferenze» e, in ultima analisi, creare le condizioni affinché «non abbiano pietà per gli estranei». È un approccio che prevede di «reclutare bambini e adolescenti» per spingerli a «odiare la polizia».

Il salto di qualità di una gang arriva però con la capacità di «svolgere attività militari». A tal fine «servono soldi, armi e rifugi». È un percorso che, per l'ebook, inizia «con la creazione di piccole cellule dentro la gang, formate da persone fidate e guidate da leader carismatici». Per ottenere fondi le scelte suggerite sono «compiere rapine in gioiellerie», «realizzare frodi con le carte di credito» e soprattutto «far esplodere i bancomat» come fanno le gang dell'Est, ovvero «adoperando piccole cariche di propano» che deflagrando consentono di impossessarsi di una non indifferente quantità di denaro liquido. Per quanto concerne le armi, le spiegazioni dettagliate riguardano le «bombe fatte in casa»: il suggerimento è di confezionarle in «lattine» e «pentole» riempiendole «di esplosivo e schegge», usando cellulari come detonatori. Ovvero qualcosa di molto simile all'ordigno che venne fatto esplodere il 15 aprile 2013 durante la maratona di Boston uccidendo cinque persone. Nelle ultime pagine del capitolo «armi» vi sono le istruzioni per realizzare autobombe, cinture esplosive e mettere a segno attacchi «con auto in corsa come fanno i palestinesi in Israele», ma con un'accortezza in più: «rinforzandole davanti con lastre di metallo» per riuscire a causare più vittime fra i passanti.

Al termine di questa lunga disamina sulla «creazione

delle gang islamiche in Occidente» l'ebook jihadista, a pagina 44, disegna il teatro politico dell'azione militare. La previsione di fondo è che «la politica dell'Occidente favorirà l'estrema destra», portando all'emergere di gruppi estremisti anti-musulmani e dunque «scontri coi neonazisti» che favoriranno il «reclutamento» jihadista. In tale cornice l'obiettivo militare è «creare corridoi terrestri per collegarsi con i musulmani dei Paesi vicini» per far muovere velocemente le gang islamiche sul territorio dell'Unione Europea. L'esempio fatto è l'assalto all'Italia: «Entreremo in Italia da nord e da ovest, convergeranno i musulmani inglesi, francesi, spagnoli, tedeschi e scandinavi. E da est i bosniaci, albanesi e kosovari. Così raggiungeremo Roma». L'attacco alla città simbolo del cristianesimo viene così descritto come una sorta di marcia jihadista da ogni angolo del Vecchio Continente, grazie alla mobilitazione delle gang aggregatesi attorno ai messaggi del Califfo.

È un'impostazione della conquista di Roma che descrive l'idea di invasione dell'Europa che sta maturando dentro Isis: puntare sui Paesi dove le comunità islamiche sono più numerose, dalla Francia alla Germania, per dare vita a un network di gang urbane capaci di trasformarsi in milizie militari e collegarsi territorialmente creando un movimento «di terra» destinato a unirsi per travolgere la roccaforte della cristianità.[9]

«Liberare» l'Andalusia

L'Andalusia è il terzo obiettivo dell'assalto jihadista all'Europa meridionale. Se nei Balcani la tattica è puntare sulla sollevazione dei musulmani locali e l'attacco all'Italia ha per epicentro la conquista di Roma attraverso una marcia islamica da più direzioni geografiche, nel caso della regione che Isis identifica con l'intera Spagna il linguaggio del Califfo adopera il termine «liberazione», preannunciando una sorta di sbarco proveniente dal Maghreb e in particolare da Algeria e Marocco. Destinato a rappresentare il riscatto storico della *umma* musulmana dall'umiliazione subita quando la *Reconquista* cristiana ebbe la meglio.

A parlare di Andalusia «occupata» è stato per primo Ayman al-Zawahiri, equiparando la condizione della Spagna a quella di Ceuta e Melilla, ovvero le due enclave sotto la sovranità di Madrid sulla costa mediterranea del Marocco. Per al-Qaida si tratta di «terra musulmana in mano agli infedeli» e la definizione «territori occupati di Ceuta, Melilla e Andalusia» lascia intendere che all'intera Spagna viene assegnato lo stesso *status* perché ha alle spalle la stessa storia, trattandosi di regioni che per otto secoli – dall'VIII al XV – furono sotto dominio musulmano, fino al punto da trasformare Cordoba nella sede del Califfato d'Occidente. Da qui la pubblicazione di video e testi di Isis nei quali sono jihadisti algerini a preannunciare cosa ha in mente Abu Bakr al-Baghdadi: «Quando la guerra raggiungerà l'Algeria, noi ci dirigeremo senza esitazione verso l'Andalusia». L'intento è di «bruciare l'Algeria con il fuoco della jihad», travolgendo la presidenza di Abdelaziz Bouteflika per poi dedicarsi a «purificare» la Spagna dall'occupazione degli infedeli. L'Europa meridionale ne esce come un'estensione del campo di battaglia in Nordafrica: dalla Libia si ha intenzione di colpire l'Italia come dall'Algeria di travolgere la Spagna.

I tre terroristi algerini che descrivono tale approccio – Abu Hafs, Abu Abd el-Baraa e Abu Dherr –, nel video diffuso nel luglio 2015, parlano di Algeria e Andalusia come di uno stesso scenario di inarrestabile avanzata militare, quasi che il Mediterraneo non esistesse come frontiera geografica o politica. Dopo aver abbattuto i confini fra Iraq e Siria, Isis si propone di far altrettanto fra Maghreb ed Europa del sud. Un altro terrorista maghrebino, il marocchino Nouredin Majdoubi, a nome di Isis parla della Spagna come «terra degli antenati» destinata a essere «aperta, a Dio piacendo, con il potere di Allah». Il jihadista «Kokito», Mohamed Hamdouch, noto in Siria per l'hobby macabro di posare a fianco di teste mozzate, indica nelle cellule algerine di Jund al-Khalifa coloro che lanceranno un assalto militare e sanguinoso descritto con enfasi non solo da Isis ma anche da al-Qaida nel Maghreb Islamico. Suggerendo che almeno su questo fronte di offensiva non ci sono differenze fra gli arci-rivali al-Zawahiri e al-Baghdadi.[10] «Voglio conoscere l'Andalusia per farla mia» dice Hamdouch, di origine marocchina, con alle spalle un periodo di residenza a Ceuta e sposato con una spagnola. È la sua stessa parabola personale a descrivere la volontà di reimpossessarsi dell'Andalusia, testimoniata anche da immagini diffuse sui social network in cui si mostra la stampa di una bandiera del Califfato a fianco di monumenti come l'Alhambra a Granada o il palazzo dell'Aljafería a Saragozza, con tanto di scritta in sovrimpressione: «Siamo tutti dello Stato Islamico». Dietro a tale slancio, per il politologo marocchino Mohamed Tozy, c'è «il mito dell'unità dei musulmani in una grande civilizzazione alternativa all'Occidente, sotto il dominio dell'Islam».[11]

Abu Muhammad al-Adnani, portavoce del Califfo, invece parla di rappresaglia contro la coalizione guidata dagli Stati Uniti: «Se l'Occidente e gli Stati Uniti vogliono le roccaforti dello Stato Islamico, noi vogliamo Parigi, Roma e l'Andalusia» grazie «al sostegno di Boko Haram», i jihadisti nigeriani già protagonisti di feroci attacchi di massa contro le chiese e i loro fedeli.

Al-Bayan, l'arma dell'etere

«Ringraziamo i nostri ascoltatori e presentiamo il bollettino di notizie dello Stato Islamico di oggi, mercoledì, terzo giorno del mese di Rajab dell'anno 1436 dell'*hijra* del Profeta.»

Dall'inizio di aprile 2015 Al-Bayan è l'emittente del Califfato a cui è affidato il compito di diffondere la versione quotidiana del mondo secondo lo Stato Islamico. Basta sintonizzarsi sulla frequenza 92.5 FM e Al-Bayan offre notiziari in più lingue, mirati a raggiungere non solo gli ascoltatori arabi ma soprattutto gli altri: i programmi sono in curdo, francese, inglese e russo. I loro destinatari sono i popoli che confinano con gli arabi, a cominciare dall'Europa, per far loro sapere che il percorso della Storia segue le orme di Abu Bakr al-Baghdadi.

La carica ideologica è in ogni frase, titolo e scaletta di notizie, ma lo stile punta a richiamarsi alla britannica Bbc o all'americana Npr: notizie secche, ben spiegate, ricche di dettagli. L'intenzione è mostrarsi rispettabili, affidabili, seri, degni di essere seguiti e creduti proprio perché viene presentata una diversa versione dell'attualità. È uno strumento di contagio ideologico che punta a sedurre gli europei. Dove i protagonisti sono «i soldati del Califfato», gli eventi narrati le loro «vittorie» e i contenuti si richiamano all'interpretazione dell'Islam autorizzata solo e unicamente dal «principe dei fedeli». Proprio come le emittenti più note, Al-Bayan ha redazioni, giornalisti, conduttori, corrispondenti, servizi di repertorio e interviste con personaggi che commentano l'attualità. Il tutto immerso in una terminologia tratta dall'universo del fanatismo islamico.

Il quartier generale di Al-Bayan è a Mosul, in Iraq, la maggioranza dei servizi viene da Raqqa e il vanto è soprattutto la sede esterna di Sirte, in Libia, che ha iniziato a trasmettere in coincidenza con l'occupazione di buona parte della città a opera di Isis. Puntando a raggiungere da qui, anche simbolicamente, il grande pubblico del Vecchio Continente e non soltanto i jihadisti, gli immigrati musulmani di prima e seconda generazione, ma la maggioranza degli europei, scommettendo sulla possibilità di moltiplicare più fenomeni: dalle conversioni dei più vulnerabili al messaggio islamico alla paura dei più lontani, fino alla seduzione dei più violenti. È un modo per dire che l'Europa per il Califfo è terra di conquista, senza limitazioni, e inizia dalle coste della Libia. Al fine di fare proseliti, diffondere l'ideologia jihadista e creare un canale quotidiano di informazione e collegamento con le reclute europee. Può trattarsi di nuovi seguaci o di *foreign fighters* che tornano nei Paesi d'origine, ma l'intento è far sentire loro lo Stato Islamico come una realtà immanente, vicina, quotidiana. Se i video digitali postati sul web servono per diffondere immagini di violenza superiore all'immaginazione e i social network aiutano a trovare e organizzare i volontari della jihad, le onde di Al-Bayan vengono sfruttate richiamandosi al precedente di Radio Londra: recapitare notizie e, all'occorrenza, istruzioni ai volontari che militavano nelle formazioni partigiane durante la Seconda guerra mondiale.

Basta ascoltare il tono dei bollettini di guerra da Siria o Iraq per rendersi conto che il Califfo sta parlando ai suoi uomini armati presenti in Europa. Le indagini della polizia spagnola ritengono che si tratti di almeno ottocento jihadisti che hanno alle spalle l'addestramento nei campi di Isis e al-Qaida e sono tornati nei Paesi d'origine nel Vecchio Continente.[12] Non sono tutti ben addestrati, in maggioranza si trovano in Gran Bretagna, Francia e Germania, ma grazie ai passaporti europei possono andare dove vogliono dentro i confini dell'Ue. Sono loro il pericolo più immediato per la sicurezza di trecento milioni di europei perché si tratta di professionisti del terrore, addestrati per compiere attentati e con vite radicate nei Paesi dell'Unione. Il Califfo li considera una spada da adoperare per colpire «crociati e apostati» lì dove meno se lo aspettano. Utilizzando le onde di Al-Bayan per dar loro ordini e disposizioni in codice, in alternativa alle chat digitali e con la sicurezza di poter raggiungere anche chi si trova in luoghi sperduti.

5

Protagonisti militari

Le unità speciali del Califfo

Fanatici ma disciplinati, brutali e al tempo stesso efficaci: le forze speciali dello Stato Islamico sono gli Inghemasiyoun, coloro che si immergono, addestrati a mettere a segno attacchi a sorpresa contro i nemici.

Isis ha due comandanti militari, responsabili delle operazioni: Abu Ali al-Anbari in Siria e Abu Muslim al-Turkmani in Iraq. Entrambi vengono dai ranghi dell'esercito di Saddam Hussein, rispondono solo al Califfo Abu Bakr al-Baghdadi e hanno sotto di loro una catena di comando creata per poterli sostituire rapidamente se vengono eliminati – al-Turkmani sarebbe stato già eliminato due volte, una dagli americani e l'altra dagli iracheni – garantendo la guida di una forza stimata fra 30 e 60.000 uomini che gestiscono per controllare i territori conquistati e tentare costantemente di allargarli, attaccando i nemici che si trovano davanti.

La tattica dello Stato Islamico è un'offensiva costante, su ogni fronte, puntando a conquistare centri urbani di grandi dimensioni – come Baghdad, Aleppo e Damasco – per rafforzare la struttura del Califfato moltiplicando entrate e profitti assieme all'estensione del territorio.

In particolare è Baghdad a essere nelle mire del Califfo, come dimostra il posizionamento di unità di Isis attorno alla città, puntando a circondarla. All'interno di questo esercito di jihadisti sempre all'offensiva, gli Inghemasiyoun si sono imposti come protagonisti prima a Ramadi, in Iraq, e poi a Palmira, in Siria, mettendo a segno azioni d'attacco ben coordinate basate su due elementi: la vocazione al martirio e l'effetto sorpresa. Si tratta di miliziani che indossano uniformi nemiche, portano cariche esplosive e hanno come missione creare scompiglio nelle linee avversarie. Le tattiche sono molteplici: camminano verso le postazioni rivali, le superano mischiandosi ai soldati e quando sono penetrati a fondo iniziano a sparare su ogni cosa che si muove oppure si mettono alla guida di auto e blindati rafforzati con protezioni metalliche, lanciandosi contro caserme e postazioni avversarie, facendosi saltare in aria con bombe da trecento o quattrocento chili di esplosivo. Ciò consente di aprirsi la strada anche in presenza di difese ben fortificate.

Costituiscono una versione più efficace e sofisticata dell'attacco suicida perché non si limitano al martirio, ma lo portano a termine con obiettivi tattici accuratamente definiti. Ramadi è stata catturata perché gli Inghemasiyoun hanno travolto le difese irachene con una dozzina di attacchi suicidi messi a segno con vetture rafforzate al punto da non consentire alle guardie di uccidere l'autista a distanza.

In altre occasioni, come nella città siriana di al-Sukhna, sono riusciti a infiltrarsi talmente a fondo fra le truppe di Bashar Assad da devastarne le retrovie, obbligandole alla fuga. Abili nel muoversi adoperando le tempeste di sabbia come scudo protettivo, in grado di agire a bordo di jeep, blindati o con pezzi di artiglieria, queste «unità speciali» includono cecchini e hanno come principale missione quella di demoralizzare gli avversari per spingerli alla fuga.

I comandanti di Isis dedicano ingenti risorse al loro addestramento e sono feroci nel pretendere obbedienza e fedeltà assolute ma, una volta sul campo di battaglia, lasciano ai leader delle singole unità la scelta del metodo più efficiente per colpire e «arrivare al martirio». Ciò rende meno prevedibili gli attacchi e complica l'adozione di eventuali contromisure.

L'altra caratteristica degli Inghemasiyoun è l'addestramento a impossessarsi di armamenti trovati negli arsenali abbandonati dalle truppe di Baghdad o Damasco come anche il ricorso sistematico a pratiche brutali per infondere il terrore negli avversari. Le esecuzioni dei prigionieri avvengono con esplosivi posizionati attorno al collo, decapitazioni con coltelli da cucina, affogamento in piscine e secchi d'acqua: il tutto trasformato in video mirati ad avere un impatto psicologico devastante sul nemico. A guidarli sono dei veterani delle guerre in Afghanistan, Cecenia e Somalia che li usano come truppe di sfondamento, destinate ad aprire il varco ai contingenti di terra a cui spetta l'occupazione. Così sono state conquistate Mosul nel 2014 e Palmira nel 2015. Questi «infiltrati» vengono adoperati anche per operazioni votate alla sconfitta, al fine di infliggere pesanti perdite al nemico: durante la battaglia di Kobane, al confine siriano con la Turchia, settanta Inghemasiyoun hanno combattuto per quarantotto ore contro soverchianti forze peshmerga, senza alcuna possibilità di successo, uccidendo oltre duecento civili e cinquanta militari curdi prima di soccombere.

Soleimani, il comandante della Forza «al-Qods»

Sebbene gli Stati Uniti guidino, dall'agosto 2014, una coalizione di oltre sessanta Paesi impegnata in raid aerei contro il Califfato, il maggiore avversario militare dello Stato Islamico sono le milizie sciite guidate da un generale iraniano, Qassem Soleimani.

Originario di Rabor, nella provincia di Kerman, Soleimani nasce nel 1957 in una famiglia ostile al regime di Reza Pahlavi, lo shah di Persia, aderisce alla Rivoluzione khomeinista del 1979, combatte nella guerra contro l'Iraq, entra nei Guardiani della Rivoluzione fino a guadagnarsi i gradi di generale e nel 1998 viene nominato alla guida della Forza «al-Qods», l'unità che porta il nome di Gerusalemme, la cui più importante missione è operare al di fuori dei confini in maniera clandestina, anzitutto in Medio Oriente ma non solo, sostenendo i gruppi armati ostili a Israele, a cominciare dagli Hezbollah libanesi.

Sono gli anni in cui Hezbollah da forza da guerriglia diventa un'efficiente milizia paramilitare, è uno dei registi degli attacchi contro Israele in Libano del Sud e quando lo Stato ebraico si ritira unilateralmente, nel 2000, ottiene un successo sul campo che sfrutta per trasformare la regione in una roccaforte del «Partito di Dio» sciita. È lui a pianificare e realizzare l'invio massiccio di razzi e missili, a ideare la rete di bunker sotterranei e trappole sulle montagne che nel conflitto del 2006 metterà a dura prova le forze israeliane.

La Forza «al-Qods» dipende direttamente dal leader supremo della rivoluzione, Khamenei, e ciò lo trasforma in uno dei militari più influenti dell'Iran: coordina l'invio di armi a Hamas attraverso la rotta Sudan-Sinai-Gaza, tenta più volte di insediare unità clandestine in Egitto, crea cellule in America Latina, viene accusato dall'intelligence occidentale di essere il regista di attacchi terroristici dalla Bulgaria alla Thailandia e, dopo l'intervento Usa in Iraq dell'aprile 2003, è a lui che Teheran affida il coordinamento della guerriglia sciita. Sono i suoi istruttori a formare e armare l'«Organizzazione Badr», la più efficiente forza militare sciita, come anche a sostenere la milizia dell'imam ribelle, Moqtada al-Sadr, e tanto impegno finisce per provocare corti circuiti con le forze Usa, che arrestano alcuni dei suoi pasdaran in Iraq. Il Pentagono, dopo il ritiro delle truppe a fine 2011, arriva ad attribuirgli la morte – diretta o indiretta – di almeno cinquecento soldati americani, in Iraq e Afghanistan, per il sostegno dato a guerriglie e gruppi terroristici in entrambi i Paesi. Nel 2007 viene colpito dalle sanzioni Onu contro il programma nucleare iraniano – essendo coinvolto in attività clandestine – e quattro anni dopo lo raggiungono le sanzioni Usa per il ruolo che svolge in Siria a sostegno della repressione del regime di Bashar Assad contro i civili e l'opposizione interna. «Ogni tanto va in moschea ma non è la fede che lo spinge» dice di lui Ryan Crocker, ambasciatore Usa a Baghdad dal 2007 al 2009, «piuttosto a motivarlo sono il nazionalismo e l'amore per il combattimento.»[1]

Proprio in Siria, Soleimani trova la nuova ricetta tattica per fronteggiare i jihadisti sunniti. Assad vacilla, Teheran ne teme il rovesciamento e, per evitarlo, Khamenei impone a Soleimani di prendere le redini del sostegno militare iraniano a Damasco. Nasce così nel 2012 la Forza nazionale di difesa siriana, ovvero una milizia civile a sostegno del regime. I volontari provengono da città e villaggi delle etnie favorevoli al regime – anzitutto gli alawiti, ma anche gruppi minori di cristiani e drusi – e divengono uno strumento per controllare il territorio puntellando le traballanti forze del governo. Sono mesi in cui Soleimani vive facendo la spola fra Beirut e Damasco per coordinare anche un aumento dell'impegno diretto di Hezbollah a sostegno di Assad.

Hassan Nasrallah, sceicco di Hezbollah, condivide la convinzione di Soleimani della necessità di salvare Assad a ogni costo e i militanti sciiti-libanesi arrivano a migliaia, affrontando battaglie aspre come quella di maggio-giugno 2013 a Qusayr, rivelandosi più volte decisivi, sebbene al prezzo di perdite significative.

Fra gli ufficiali Hezbollah più fidati che Soleimani fa convergere su Damasco c'è Mustafa Amine Badreddine, sospettato dall'Onu di essere il regista dell'eliminazione del premier libanese Rafik Hariri, a Beirut nel 2005, e inserito dagli Stati Uniti nella «Specially Designated Global Terrorist» con tanto di sanzioni *ad personam*. Badreddine diventa il tramite dei rapporti, sempre più stretti, fra Nasrallah e Assad: organizza gli incontri top secret, partecipa alle riunioni congiunte e, nella «war room» di Damasco, è sempre vicino al rais.[2]

Tra il 2013 e il 2014 Soleimani va oltre nella strategia delle milizie facendo arrivare a Damasco unità di «volontari sciiti» iracheni e afghani. Nasce così un esercito *de facto* di miliziani più numeroso e meglio organizzato delle forze regolari di Assad. Sono queste unità che dal 2015 difendono Damasco e soprattutto il suo aeroporto internazionale, che resta uno degli scali più strategici per Teheran: è qui che arrivano gli aiuti militari per sostenere tanto Hezbollah che Assad.

I successi ottenuti sul campo in Siria ne fanno l'uomo che Khamenei manda in Iraq quando, nel maggio 2014, i jihadisti sunniti prendono Mosul e proclamano il Califfato. Soleimani si trasferisce a Baghdad – nell'ex residenza di un ex notabile del Baath di Saddam Hussein – e la trasforma nella cabina di regia delle forze armate sciite.

Soleimani non si fida delle truppe governative irachene e passa subito all'azione, ripetendo il modello siriano: in pochi mesi nascono a Baghdad le milizie sciite «Asa'ib ahl al-Haq» e «Kataeb Hezbollah» mentre la già esistente «Organizzazione Badr» si rafforza, in uomini e mezzi. È nell'elegante e spaziosa casa di Baghdad che Soleimani crea una «war room» rudimentale per allontanare lo Stato Islamico dalla provincia di Diyala, ai confini con l'Iran, e guidare la riconquista di Tikrit.

È questo il momento in cui, per la prima volta da quando è a capo della Forza «al-Qods», Soleimani esce dall'ombra. Si fa vedere e fotografare quanto mai avvenuto in precedenza: a fianco dei comandanti curdi peshmerga, delle unità sciite nell'Anbar e dei capi Hezbollah in Libano, è ovunque sul campo di battaglia del fronte anti-Isis, si dimostra padrone del campo, dà suggerimenti su come incalzare il Califfo attorno a Baghdad e fermarlo nell'avvicinamento a Damasco. Le milizie anti-Califfo ottengono una vittoria importante a Tikrit e il piano di riconquistarla è stato immaginato e gestito da lui in persona.

Sono i successi sul campo che lo trasformano nel più affidabile alleato di terra in Iraq della coalizione guidata dagli Usa e in alcune occasioni i raid dei jet americani di fatto appoggiano i movimenti delle sue truppe. Soleimani disprezza gli Stati Uniti, considerandoli ancora i nemici strategici contro cui si è battuto per oltre dieci anni, ma accetta pragmaticamente, durante le trattative tra giugno e luglio 2015 sul programma nucleare in Svizzera e Austria, una convergenza operativa anti-Isis che gioca anche a favore di Teheran per avvalorare l'impressione di essere un garante di stabilità in Medio Oriente, ovvero l'anti-Califfo.

Ciò che più colpisce di Soleimani è l'essere riuscito a trovare la contromossa militare finora più efficiente per fronteggiare Isis: schierare milizie di volontari sciiti, molto motivati sul piano etnico-religioso, raccolte in più Paesi, per creare una muraglia di unità irregolari sostenuta dall'impiego di armi pesanti gestite dai pasdaran, adoperando come «ufficiali» molti veterani di Hezbollah del conflitto contro Israele.

Non c'è da sorprendersi dunque se, quando Putin decide l'intervento in Siria, è con Soleimani che si consulta. Sono almeno due le visite segrete al Cremlino – a dispetto delle sanzioni Onu *ad personam*, in quel momento ancora vigenti – durante le quali vengono pianificati l'invio dei contingenti russi e la conseguente nascita di una coalizione di forze di sicurezza che porta alla creazione, a Baghdad, di una «war room» con la presenza di alti ufficiali di Iraq, Iran, Siria e Russia. La «mezzaluna sciita» diventa un unico teatro di operazioni tattiche nella genesi di un'alleanza militare che verte attorno a Soleimani.

Gönül, il nemico del Kurdistan

Con quasi 700.000 uomini, gli armamenti più avanzati della Nato e un bilancio annuale di 18,2 miliardi di dollari, le forze armate turche sono il gigante militare del Medio Oriente e a guidarle è Mehmet Vecdi Gönül, uno degli alleati politici più stretti del presidente Erdoğan.

Gönül viene da Erzincan, una delle zone più nazionaliste del Paese nel nord-est dell'Anatolia, è eletto per la prima volta nel 1999 in Parlamento a Kocaeli, distretto ai confini asiatici di Istanbul, con il Partito della Virtù islamico, predecessore dell'Akp (Partito per la giustizia e lo sviluppo) di Erdoğan, e diventa ministro della Difesa nel 2002 con Abdullah Gül. Matrice politica islamica, esperienza nella sicurezza – è stato prefetto di Smirne – e con i militari convincono Erdoğan e, quando arriva al potere nel 2003, gli conferma l'incarico assegnandogli il compito di ridisegnare le forze armate trasformandone il ruolo: da garante della laicità voluta dal fondatore della nazione, Atatürk, a strumento del governo di matrice islamica. E Gönül, dal 2003 al 2011, sfrutta la credibilità che gli viene da essere un burocrate della sicurezza per dedicare tempo e risorse nell'impresa di ridimensionare la tradizionale autonomia dei militari dal potere politico fino ad assoggettarli del tutto ai voleri di Erdoğan. La sua impronta sta nello sfruttare l'ostilità viscerale contro i curdi come elemento di coesione nazionalista. Non a caso, quando Erdoğan inizia il negoziato con il Partito dei lavoratori curdi (Pkk) sul cessate il fuoco, Gönül lascia la carica, trovando riparo in Parlamento. Nel luglio 2015 torna a guidare la Difesa, in coincidenza con la decisione di Erdoğan di lanciare una doppia campagna militare in Siria: apparentemente contro Isis ma in realtà soprattutto contro i suoi nemici giurati, i guerriglieri del Pkk.

Il capo di stato maggiore dell'aeronautica, Abidin Ünal, parla di «guerra vera su due fronti» perché i jet colpiscono tanto le basi dei guerriglieri curdi che dei jihadisti di Isis. È una strategia militare frutto di esigenze politiche interne di Erdoğan, che il capo di stato maggiore Necdet Özel fa propria, passandone le redini al successore Hulusi Akar. Il Parlamento di Ankara, con un voto alla fine del 2014, autorizza la possibilità di impiegare truppe turche dentro la Siria, ma per mesi Erdoğan esita ad accettare le pressanti richieste dell'amministrazione Obama e della Nato di partecipare attivamente alla coalizione anti-Isis, preferendo prudenza e basso profilo: quando Kobane brucia a poche centinaia di metri dal confine, i tank restano immobili e l'unica incursione avviene per spostare la tomba di Suleyman Shah, nonno di Osman I, fondatore dell'Impero ottomano, dalla mini-enclave turca risalente al Trattato di Ankara del 1921 al villaggio di Eshme a 180 metri dal confine.

Tale voluta timidezza tattica viene meno con l'inizio dell'estate 2015, a seguito di tre eventi coincidenti: le elezioni politiche in Turchia che vedono per la prima volta l'Akp perdere la maggioranza dei seggi, la creazione di una fascia di territorio siriano in mano ai guerriglieri curdi siriani delle Ypg (Unità di protezione popolare) e l'attentato di luglio 2015 di Suruc dove un kamikaze di Isis si fa esplodere in mezzo a giovani curdi causando trentadue vittime.

Erdoğan matura la convinzione che rischia di finire nella morsa di tre fenomeni paralleli: l'estensione della guerra civile siriana in Turchia, la nascita di un Kurdistan *de facto* alle porte di casa, capace di trasformarsi in retrovia del Pkk, e l'indebolimento politico dovuto alla necessità di formare un governo di coalizione. La contromossa è affidarsi a Gönül, ovvero a forze armate disposte a mettere in atto in Siria una strategia militare aggressiva, disegnata su misura per far uscire Erdoğan dall'angolo. Si tratta di una doppia guerra che vede le forze turche impegnarsi nell'ambito della coalizione anti-Isis – dai raid contro i jihadisti alla concessione delle basi agli aerei Usa – per poter in realtà condurre intense operazioni in Siria e Iraq tese soprattutto a colpire basi, infrastrutture, mezzi, sistemi di comunicazione e militanti di Pkk e Ypg per impedirgli di consolidare il controllo della fascia di territorio che da Kobane raggiunge Hasaka nell'est, passando per Tell Abyad, bloccando sul nascere la creazione di una regione semi-indipendente curda sul modello di quanto avvenuto in Iraq dall'indomani della Guerra del Golfo del 1991. Erdoğan definisce tale scenario una «prospettiva inaccettabile»[3] perché un Kurdistan autonomo in Siria, sommato a quello in Iraq, può trasformarsi in un polo di attrazione per i circa venti milioni di curdi – su ottanta milioni di abitanti complessivi – che risiedono in gran parte nel sud-est della Turchia.[4]

Il prezzo di tale svolta è la polverizzazione del processo di pacificazione con i curdi in Turchia che aveva portato, nel 2013, all'accordo con il Pkk di Abdullah Öcalan (condannato all'ergastolo nel 1999) e alla convergenza con i nazionalisti curdi del Partito democratico del popolo (Hdp), vincitore di ottanta seggi nelle elezioni di giugno 2015, ma «Erdoğan ha deciso di liquidare tutto ciò quando ha capito che diventava un ostacolo alle sue ambizioni» spiega Mustafa Akyol, autore di *Islam without Extremes: A Muslim Case for Liberty*.[5] Se i generali condividono tale approccio, ovvero maggiore aggressività verso i curdi rispetto a Isis, è perché considerano il Kurdistan emergente una minaccia alla sicurezza nazionale e conservano la memoria di quanto avvenuto nella Prima guerra mondiale, allorché le rivolte arabe innescate dall'Impero britannico portarono alla dissoluzione dell'Impero ottomano.[6]

Per impedire che la Turchia debba essere smembrata a seguito della formazione di una nazione curda lungo i suoi confini, i militari sono disposti a usare qualsiasi mezzo. Ma non è tutto, perché Cemil Bayık, cofondatore e comandante del Pkk, accusa Erdoğan di aver scatenato un'offensiva di lungo termine contro i curdi compiendo «massacri che avvantaggiano lo Stato Islamico». «La Turchia afferma di combattere Isis ma in realtà concentra gli attacchi contro di noi giocando in molte situazioni proprio a favore di Isis, ovvero i nostri nemici» spiega Bayık in un'intervista alla Bbc nella quale sostiene che «Erdoğan vuole eliminarci perché il suo intento è assicurare il dominio dei turchi sulla Turchia». Figen Yüksekdağ, leader del partito pro-curdo ad Ankara, aggiunge: «Erdoğan preferisce avere come vicino lo Stato Islamico anziché i curdi siriani o iracheni perché ha un'affinità ideologica con il Califfo Abu Bakr al-Baghdadi nel panislamismo».[7]

Maher, lo scudo di Assad

A Damasco c'è un uomo forte che sorregge ciò che resta del regime di Bashar Assad. È il fratello più giovane, Maher, a «tenere il regime in sella», come riassume Joshua Landis, arabista dell'Università di Oklahoma. Completo scuro, occhiali da sole e capelli pettinati all'indietro, Maher si presenta ai pochi che riescono a incontrarlo con un look che evoca i boss mafiosi, consolidando l'immagine del «pilastro della famiglia», secondo l'espressione preferita di Theodore Kattouf, ex ambasciatore americano in Siria.

A descrivere la potenza, personale, economica e politica, di Maher sono i suoi compiti militari: guida due delle unità di élite meglio armate dell'esercito, la IV divisione corazzata – che assieme alla polizia segreta costituisce il cuore dei reparti di sicurezza – e la Guardia repubblicana, oltre a essere il leader della milizia «Shabiha», composta in gran parte da alawiti come gli Assad, e votata alla loro estrema difesa. Nessun'altra persona singola in Siria possiede e controlla tanto potere di fuoco. In particolare, è la «Shabiha» che identifica Maher con la più brutale repressione del dissenso: i miliziani intervengono dove serve per «calmare i civili e riportare l'ordine» in qualsiasi città. E a qualsiasi prezzo. Sono loro a entrare nei villaggi da punire o da cui ottenere obbedienza assoluta. La «Shabiha» è anche l'anello di congiunzione militare con le milizie scite, sostenute da Teheran, impegnate a puntellare le forze siriane, assai indebolite. Tutto ciò fa di Maher il leader militare decisivo per la sopravvivenza degli Assad. «È un ruolo che comporta scontri frontali, decisioni brutali, prive di sentimenti» aggiunge Landis.

Con il grado di generale, compiti di leadership nel partito Baath e una rete di importanti interessi finanziari in Libano circondata dal segreto impenetrabile, Maher si è imposto sin dall'inizio della guerra civile nel 2011 per aver partecipato a battaglie aspre: l'assedio di Daraa, dove la rivolta ebbe inizio nel sud; lo scontro per il governatorato di Dimashq; l'assedio di Homs, roccaforte dei sunniti ora ridotta in macerie; la perdurante battaglia di Aleppo, da cui potrebbe dipendere l'esito dello scontro fra Assad e i suoi avversari militari. In pubblico Maher si vede raramente, evita l'uso del cellulare e le foto più recenti in circolazione risalgono al 2000, quando partecipò ai funerali del padre Hafez. Fra i fratelli di Bashar è l'unico ancora in vita anche se le sue reali condizioni di salute sono circondate dal mistero. C'è chi dice che è stato seriamente ferito, chi ritiene che abbia perduto una gamba in un attentato nel 2012 e chi aggiunge che ha anche un braccio paralizzato. Eventuali danni fisici non hanno però tolto nulla a potere e ferocia. Facendo fiorire ogni sorta di leggende su di lui, inclusa quella che riguarda la sorella Bushra che voleva sposare un uomo con già dei figli da un precedente matrimonio. Era un'ipotesi che scandalizzava la famiglia e a risolvere la vicenda fu Maher, che sparò allo stomaco del futuro cognato ponendo termine a una discussione in casa. La vicenda, molto nota a Damasco, mette in luce il carattere di un personaggio che viene descritto come impulsivo, brutale e impetuoso. Capace di fare del male a chiunque, sempre, senza preavviso. Il risultato, spiega Landis, è che, «mentre Bashar tiene il controllo formale del regime, gran parte della popolazione crede che il vero uomo al potere sia Maher», soprattutto perché capace di «giocare sporco quando serve» al fine di «eliminare ogni possibile nemico».

A ciò bisogna aggiungere che, secondo ricostruzioni da parte di diplomatici arabi, Maher non è una persona che si interessa alla politica internazionale o a quanto avviene nella regione mentre invece «va matto per i gossip, vuole sapere sempre con chi vanno a letto attrici e cantanti arabe, più o meno famose». Come dire, l'esatto contrario del fratello Bashar con la passione per la politica internazionale e anche per la famiglia. Al carattere ludico di Maher è riconducibile anche la costruzione di Updown, un campo di divertimento per bambini nel sobborgo Dummar di Damasco costato 35 milioni di dollari, solo per provare che il regime esiste ancora.[8] Proprio la diversità di carattere e interessi avrebbe creato un equilibrio fra i fratelli, trasformando Maher nel pilastro più importante del potere di Bashar.

Jaish al-Fatah, la coalizione dei ribelli sunniti

Fra gli oltre cinquemila gruppi armati che si combattono in Siria, quello più efficiente sul campo di battaglia contro il regime di Bashar Assad è Jaish al-Fatah (Esercito della conquista). Si tratta di una coalizione di gruppi ribelli, formatasi nel marzo 2015, in cui confluiscono tre anime diverse della rivolta islamica riconducibili a rapporti di fedeltà e sostegno con la Turchia, l'Arabia Saudita e al-Qaida. Ciò che accomuna Jaish al-Fatah è la definizione dei nemici – Assad, l'Iran sciita e Isis – e la volontà di creare uno Stato basato sulla sharia islamica, ma meno autoritario rispetto al Califfato. Più simile, per ideologia e regole, al modello dei Fratelli Musulmani. Essere il punto d'incontro delle molteplici anime del fronte sunnita ha trasformato l'Esercito della conquista in un'organizzazione ombrello, senza un comandante militare unico ma capace di sommare risorse e armi come nessun altro: dai volontari delle regioni di Homs, Hama e Damasco fino ai missili anti-carro di nuova generazione arrivati da Riyad e Doha.[9]

Andando a vedere più da vicino questa galassia ribelle ci si accorge che Ahrar al-Sham, il gruppo filo-turco, è quello più addestrato e meglio armato mentre Jabhat al-Nusra, emanazione diretta di al-Qaida, è la più spietata, ma sono i sauditi a sommare legami, più o meno consistenti, con lo schieramento esteso che include Jund al-Aqsa, Jaish al-Sunna, la Legione Sham, Liwa al-Haqq, Ajnad al-Sham, Suqur al-Sham, Fazione Valle di al-Ghab, Jabhat al-Sumood e molte altre sigle ancora.[10] Da quando l'Esercito della conquista ha iniziato a operare ha macinato vittorie: a Idlib, Jisr al-Shugur, al-Mastumah, Ariha e nella base aerea di Abu al-Duhur, conquistata il 9 settembre 2015 sfruttando in maniera abile una colossale tempesta di sabbia. Ciò ha portato Jaish al-Fatah a controllare la quasi totalità della provincia di Idlib, incuneandosi fra Damasco, Aleppo e la costa alawita per trasformarsi nella più seria minaccia alla sopravvivenza del regime di Assad.[11] Lo dimostrano anche il braccio di ferro sulle montagne di Qalamun, ai confini con il Libano, e l'assedio ai villaggi sciiti di al-Furah e Kafarya, dove gli Hezbollah filo-iraniani hanno accettato, in più occasioni, di siglare temporanei cessate il fuoco riconoscendo *de facto* legittimità agli avversari. La debolezza di Jaish al-Fatah è al sud, dove a Daraa e Quneitra incontra difficoltà a imporsi, e nell'est dominato dai miliziani del Califfo, ma poiché la battaglia che conta è quella per Damasco è questa coalizione ribelle a essere sul palcoscenico della guerra civile iniziata nel febbraio 2011. Anche grazie ad Abu Yahya al-Hamawi, il comandante di Ahrar al-Shams (Uomini liberi della Siria), che può contare su oltre tremila uomini con armi automatiche e artiglieria, addestrati nelle basi della Turchia meridionale e capaci di gestire, da un punto di vista civile e amministrativo, ampie aree di territorio trasformandole in un mini-Stato che inizia oltre la soglia di Bab al-Hawa, il posto di confine cogestito con le guardie di frontiera di Ankara.[12]

Al-Golani, quando al-Qaida vuole governare

«Assad sta per cadere, saremo noi a governare la Siria e non attaccheremo l'Occidente»: a presentarsi come garante della futura stabilità a Damasco è Abu Mohammed al-Golani, il leader di al-Nusra. La mano tesa all'Occidente da parte di al-Nusra viene con un'intervista di oltre un'ora, verso la fine di maggio 2015, che al-Golani rilascia alla tv Al Jazeera.[13] Seduto davanti a un tavolino con la bandiera di al-Qaida, lo «Sceicco conquistatore», che nel 2012 fondò al-Nusra in Siria, su richiesta di al-Zawahiri descrive quella che vuole sembrare una svolta politica per diventare l'interlocutore dell'Occidente sul dopo-Assad.

«La nostra unica missione è abbattere il regime e sconfiggerne gli agenti, a cominciare da Hezbollah» esordisce al-Golani, assicurando che «Damasco sta per cadere». Il riferimento è ai successi militari dell'Esercito della conquista. Il primo messaggio pacificatore è destinato agli alawiti: «Non sono il nostro obiettivo, l'ultima battaglia non sarà a Qardaha, il villaggio alawita degli Assad, ma a Damasco. Combatteremo solo chi ci spara».

Gli alawiti sono un'etnia considerata eretica nell'Islam al punto che il Califfato si propone di sterminarla come gli sciiti, ma al-Golani vuole sottolineare il distacco dallo Stato Islamico: «La nostra guerra non è una vendetta contro gli alawiti, dopo la vittoria fonderemo uno Stato islamico non senza aver consultato tutti i gruppi siriani». Torna così la differenza strategica fra al-Qaida e Isis, che risale a quando Osama bin Laden si opponeva nel 2005 alle stragi di sciiti in Iraq da parte di Abu Musab al-Zarqawi, a cui al-Baghdadi si ispira. L'al-Qaida delle origini, guidata da al-Zawahiri dalle centrali pakistane, si era opposta con le armi a Isis in Siria proprio con al-Nusra sin dal 2012, accettando la cooperazione nel 2014 solo in risposta ai bombardamenti della coalizione guidata dagli Usa, ma ora torna a sfidare il Califfo. È lo scenario di una faida ideologica jihadista che si riflette nella gara per prendere Damasco: al-Nusra marcia da nord, forte del patto inter-islamico che include gruppi sostenuti da Ankara e Riyad, mentre Isis si avvicina da est dove le sue avanguardie sono ad appena settanta chilometri dalla capitale. Per vincere la gara con il Califfo, al-Golani tende la mano all'Occidente.

«Al-Nusra non ha piani né ordini per attaccare l'Occidente» spiega. «È al-Zawahiri a darci le direttive e non abbiamo ricevuto chiare richieste di adoperare la Siria come piattaforma per attacchi contro gli Usa e l'Europa perché non vogliamo sabotare la missione di abbattere il regime.» Affinché il messaggio arrivi a Washington, al-Golani aggiunge che «il gruppo Khorasan non esiste». Per l'intelligence americana si tratta invece della più pericolosa organizzazione terroristica «impegnata a progettare attentati imminenti in Occidente». Al-Golani nega tutto, lo definisce «una fabbricazione» da parte di chi «vuole spingere gli Stati Uniti a colpirci per salvare Assad». «Forse al-Qaida ha piani contro gli Usa, ma non qui in Siria» aggiunge. Trattandosi di un leader di al-Qaida, l'organizzazione che l'11 settembre 2001 uccise quasi tremila civili a New York e Washington, le sue parole vanno prese con cautela, ma l'impressione è che al-Nusra voglia inserirsi nella Realpolitik del Medio Oriente. Se Washington è disposta ad allearsi *de facto* con Teheran per sconfiggere il Califfo in Iraq, al-Nusra offre a Obama un patto simile in Siria.

Mohammed bin Salman, il principe combattente

A guidare la campagna militare saudita contro i ribelli houthi in Yemen è il più giovane ministro della Difesa del Pianeta. Mohammed bin Salman, classe 1985, è stato nominato dal padre, re Salman, in una delle prime decisioni dopo la successione ad Abdullah, nel gennaio 2015. Assegnandogli anche la carica di viceprincipe ereditario, ovvero secondo in linea di successione.

Mohammed bin Salman è noto per la vita morigerata, la simbiosi con l'alta tecnologia e la passione per il Sol Levante: non ha mai fumato o bevuto alcol ma è un avido lettore di manga nipponici e ha scelto proprio Tokyo come meta per il viaggio di nozze (aggiungendovi una tappa alle Maldive). Senza contare il fatto di essere a proprio agio con iPhone e gli altri gioielli tecnologici di Apple in una corte reale dove l'età avanzata dei ministri è un ostacolo oggettivo all'uso dell'alta tecnologia. Figlio primogenito di Fahda bint Falah bin Sultan al-Hithalayn, terza e ultima moglie del re ormai ottantenne, ha nella madre l'alleato più importante a corte e sono in molti a Riyad a ritenere che sia stata lei a convincere il sovrano a puntare su Mohammed come «principe dei principi» ovvero per guidare la nuova generazione reale, figli e nipoti dei «Sette Sudairi» – i sette figli del fondatore del regno Abdulaziz avuti dall'unione con Hassa bint Ahmed al-Sudairi – che hanno governato dalla morte del padre nel 1953.

Laureato in legge all'Università di Riyad, Mohammed non ha studiato all'estero – come i suoi fratelli – e ha avuto nel recente passato incarichi importanti ma non di primo piano a corte reale, distinguendosi soprattutto come filantropo e stretto collaboratore del padre che era, prima di diventare re, proprio ministro della Difesa. La carenza di esperienza politica, nonché militare, lo ha esposto a difficoltà nella guida delle operazioni militari in Yemen quando, in marzo, re Salman ha deciso di creare una coalizione sunnita per tentare di reinsediare a Sana'a il governo di Abed Rabbo Mansour Hadi rovesciato dagli houthi. Per il giovane ministro si è trattato di una sfida tutta in salita, disseminata di problemi e passi falsi: dal rifiuto del Pakistan a entrare nella coalizione allo smacco subito con i blitz missilistici degli houthi sull'Arabia Saudita meridionale fino ai duelli con l'Onu sulle stime delle vittime civili causate dai raid in Yemen e alle frequenti tensioni con Washington, avvertita con appena tre ore di anticipo sull'inizio delle operazioni.[14]

Salman si mostra comprensivo delle difficoltà del figlio nella guida dell'Operazione «Decisive Storm», a cominciare dagli scarsi effetti della campagna aerea contro gli houthi, ma ciò che conta per lui è che Mohammed resti al comando della guerra, diventando il protagonista del braccio di ferro militare con Teheran. Questo obiettivo si impone su tutto il resto perché cela l'intento di traghettare il nuovo regno verso il confronto strategico con Teheran. È un approccio che spiega la scelta di affidare a Mohammed il ruolo di leader guerriero delle nuove generazioni di sauditi, in parallelo con l'assegnazione all'ambasciatore uscente a Washington Adel al-Jubeir, cinquantatré anni, della guida del ministero degli Esteri. Ciò che più conta per Salman è fermare le ambizioni dell'Iran in Medio Oriente, impedendo a Teheran di diventare la potenza egemone nella regione, e riuscirci significa affrontare un conflitto destinato a protrarsi a lungo, bisognoso del sostegno delle nuove generazioni di sudditi. Se i giovani sauditi sono tentati dal richiamo jihadista, Salman vuole proporre la figura di un giovane principe combattente come modello alternativo, capace di accattivarsi simpatie e rafforzare la coesione nazionale attorno alla monarchia. Da qui l'importanza di un giovane alla guida della risposta militare a Teheran.

È l'età di Mohammed il fattore strategico di un duello con l'Iran destinato a prolungarsi nel tempo, diventando l'elemento cardine della proiezione di Riyad come gendarme anti-sciita del Medio Oriente. D'altra parte è stato Salman, negli ultimi tre anni di regno di Abdullah, a trasformare l'Arabia Saudita nella banca che sostiene i Paesi sunniti più minacciati da infiltrazioni iraniane e attacchi jihadisti: Egitto, Giordania e Bahrein. L'intervento militare in Yemen rientra in questa scelta di fare dell'Arabia il perno di una Lega Araba determinata a dotarsi di strumenti e risorse per respingere le mosse di Teheran negli anni a venire. Sotto tale aspetto Salman sta pianificando l'approccio a conflitti di lunga durata.

Tribù beduine, raid in cambio di monete d'oro

La Montagna delle Nuvole è uno dei luoghi più incantevoli e difficili da raggiungere nel deserto del Sinai. Egiziani e israeliani vi hanno combattuto nel 1956 e nel 1967. I veterani di entrambi gli eserciti la ricordano con nostalgia ma anche con timore. A spiegarne il motivo è Ali, soldato egiziano che con la sua unità ne presiede alcuni passi. «Qui il pericolo sono i beduini» racconta. «Ci attaccano la notte o all'alba, poi fuggono nel nulla e tutto torna come prima.» È una finestra sulla guerriglia del Sinai, iniziata nel 2011 in coincidenza con la rivoluzione che ha deposto Hosni Mubarak, continuata sotto la guida di tribù in cerca di facili profitti grazie a traffici illegali e oggi divenuta un avamposto dello Stato Islamico grazie alla nascita del Wilayat Sinai, formato dai jihadisti di Ansar Bayt al-Maqdis con un formale atto di sottomissione al Califfo Abu Bakr al-Baghdadi.

Nei due governatorati del Sinai, del Nord e del Sud, dove la guerriglia imperversa – circa 60.000 chilometri quadrati abitati da poco più di 500.000 anime – a dominare è un mosaico di tribù beduine accomunate da proteste e annose lamentele nei confronti del Cairo a causa dello scarso impegno del governo nell'elargire aiuti, creare posti di lavoro, costruire scuole e infrastrutture.[15] Il risultato è che un crescente numero di tribù, o clan famigliari che le compongono, si vendono al miglior offerente per tentare di sfruttare il momento di crisi al fine di arricchirsi: c'è chi ha puntato sul traffico di immigrati illegali da Sudan ed Eritrea verso Israele, chi ha gestito le rotte delle armi iraniane spedite dal Sudan a Hamas nella Striscia di Gaza e chi si è messo al servizio dei jihadisti perché «sono quelli che pagano meglio di tutti», come riassume Reda, funzionario pubblico di al-Arish che chiede di tenere celato il cognome.

Ali racconta nei dettagli come tali pagamenti alimentano la guerriglia: «I gruppi jihadisti vanno da un clan beduino, gli chiedono di commettere attacchi contro le nostre truppe e subito inizia una trattativa che si conclude con un patteggiamento che vede i predoni del deserto impegnarsi a sparare un preciso numero di proiettili, o a uccidere uno specifico numero di militari egiziani, in cambio di un prezzo, stabilito in monete d'oro», ovvero nell'unica valuta considerata tale fra le rocce del Sinai.

L'intercettazione di una trattativa fra alcuni leader beduini e Adel Hebara, capo jihadista locale nel Sinai, porta l'intelligence egiziana ad affermare che in cambio di un singolo attacco avvenuto nel 2013 – non di notevoli dimensioni – il pagamento pattuito è stato di diecimila dollari.[16] Uno studio del Consiglio nazionale egiziano per i diritti umani[17] afferma che è «lo scontento delle popolazioni locali del Sinai» ad alimentare la guerriglia jihadista perché i militanti del Wilayat Sinai sono poche centinaia e non riuscirebbero a resistere alle operazioni condotte da migliaia di soldati egiziani «senza il sostegno delle tribù». È questa la genesi di una guerriglia che vede almeno 20.000 soldati egiziani, con carri armati e blindati, sostenuti da elicotteri ed F-16, battersi nel Sinai contro alcune centinaia di jihadisti che – secondo fonti militari arabe del Cairo – controllano «almeno quattordici aree di territorio nel governatorato del Nord Sinai» anche nei pressi di centri come al-Arish e Sheikh Zuwaid.

Per spezzare una rete di complicità fra jihadisti e beduini basata soprattutto su baratti, le forze armate egiziane esercitano forte pressione sulle tribù più influenti e sono riuscite a ottenere una formale «dichiarazione anti-Isis» da parte dei leader della tribù Tarabin – considerata la più grande del Sinai –, ma un'analisi attenta dei firmatari di questo testo ha portato alcuni media egiziani a dedurre che si tratta di personaggi «residenti in gran parte in città come Il Cairo» e dunque poco rappresentativi dei nomadi del Sinai.[18] Senza contare che altre tribù come i Sawarka, meno numerose ma comunque insediate nella penisola desertica, non celano gli accordi siglati con i jihadisti, fino al punto da indicarli come fonte di miglioramento della vita dei propri clan.[19]

A studiare, per venticinque anni, i beduini del Sinai è stato Mordechai Kedar, nei ranghi dell'intelligence militare israeliana dove ha guidato l'unità che si occupava dell'Egitto: «I beduini non hanno valori, ideologie o fedeltà politiche» spiega «ma solo interessi molto concreti, dunque sono costantemente in vendita al migliore offerente e costituiscono uno strumento al quale al-Qaida, Isis o altri gruppi terroristici ricorrono per svolgere qualsiasi tipo di operazioni o traffici illeciti. Sono manovalanza a disposizione di chi paga di più, in luoghi spesso remoti, difficili da raggiungere. Usarli è solo una questione di prezzo». La scoperta di cellule di Isis nel Negev israeliano, composte da uomini e donne di comunità beduine, ha portato lo Stato ebraico ad aumentare controlli, ispezioni e sorveglianza temendo un contagio della guerriglia del Sinai dentro i propri territori meridionali.

Eizenkot e la dottrina del castello

Le trasformazioni regionali impongono a Israele di ripensare la propria dottrina di sicurezza e il capo di stato maggiore, Gadi Eizenkot, si indirizza verso un modello che richiama il castello medioevale, con dotazioni hi-tech. Eizenkot viene dai «Golani», i commando delle forze israeliane, ha guidato il Comando Nord duellando con Hezbollah e il Comando della Giudea e Samaria, contro Hamas, ma soprattutto è un veterano del Libano: durante l'Operazione «Pace in Galilea» del 1982 guidò i suoi uomini fino a Beirut e nel conflitto del 2006 cogestì gli attacchi contro Dahieh, la roccaforte di Hezbollah, ritenendone la distruzione assai efficace ai fini tattici: al punto che ora ammonisce Hassan Nasrallah a non pensare neanche di attaccare Israele con una pioggia di missili perché la risposta sarebbe «ripetere Dahieh su ogni villaggio sciita», ovvero radere al suolo tutte le roccaforti di Hezbollah, tanto nel sud che nell'est del Libano. Per Yaakov Amidror, ex consigliere per la sicurezza di Netanyahu, il profilo di Eizenkot – alla guida delle forze armate da febbraio 2015 – si sposa con la «dottrina del castello» adatta a fronteggiare vicini geografici che non sono più Stati nemici o nazioni con cui è in vigore una «pace fredda» – come l'Egitto o la Giordania – bensì «Non-State Actors», attori non-Stati, ovvero gruppi, organizzazioni e milizie armate.

Il riferimento al «castello» viene da come ci si difendeva dai barbari nel Medioevo, anche se con alcuni adattamenti contemporanei. Sono tre, per Amidror, le caratteristiche di questa «dottrina»: «robuste protezioni fisiche» per separarsi dalla presenza di terroristi e miliziani; «minuziosa raccolta di informazioni di intelligence a ridosso dei confini» per essere al corrente di ogni minimo cambiamento, in villaggi e tribù, al fine di anticipare la presenza di minacce; «neutralizzare il pericolo» appena si manifesta con interventi mirati, limitati e rapidi.[20] Si spiegano così i raid militari israeliani avvenuti dal 2012 in Siria e Libano per colpire trasferimenti di armi a favore di Hezbollah o la presenza di comandanti iraniani sul Golan. Così come la «dottrina del castello» consente di comprendere la decisione israeliana di far sapere all'Egitto che potrebbero esservi degli interventi diretti nel Sinai contro Isis, nonostante il rispetto per la sovranità del Cairo sulla penisola desertica dove i jihadisti hanno le loro basi.

Eizenkot ha il profilo adatto per interpretare tale dottrina perché è un leader militare conosciuto per prudenza, basso profilo ma anche determinato ad adoperare «grande potenza in maniera rapida in situazioni di estrema necessità».[21] È proprio la necessità di disporre di strumenti militari per «difendere il castello» a spiegare la decisione di Eizenkot di creare una brigata di commando mettendo assieme quattro unità di élite delle forze armate che finora avevano operato separatamente: Maglan,

Duvdevan, Egoz e Rimon. Si tratta di uomini abituati a combattere in situazioni di alto rischio in territorio nemico: Maglan è un'unità speciale di artiglieria, in grado di adoperare alcuni dei missili più avanzati su qualsiasi tipo di terreno; Egoz è il fiore all'occhiello dei Golani, ovvero l'unità di fanteria che viene impiegata per le operazioni più rischiose; Duvdevan è un'unità che opera in genere in abiti civili in territori arabi – come la Cisgiordania e Gaza – per catturare terroristi o prevenire disordini con azioni mirate; Rimon è l'unità scelta dei Givati, l'altra brigata di fanteria dell'esercito israeliano.[22] Riunirli sotto un unico comando significa creare una brigata capace di operare oltreconfine per neutralizzare minacce imminenti conducendo operazioni di dimensioni significative. D'altra parte i recenti conflitti combattuti da Israele – in Libano contro Hezbollah nel 2006, a Gaza contro Hamas nel 2008, 2012 e 2014 – suggeriscono la necessità di commando perché l'esercito tradizionale spesso si trova in difficoltà nel fronteggiare nemici asimmetrici composti da milizie, gruppi terroristici e unità paramilitari che combattono in zone urbane facendosi scudo della popolazione civile.

Quanto sta maturando sul Golan, nel Sinai e in Giordania – con la crescente presenza di milizie jihadiste – suggerisce che tale nuova brigata di commando potrebbe essere adoperata su più fronti al fine di allontanare dal territorio di Israele minacce incombenti. È interessante notare come tale decisione di Eizenkot, adottata assieme al ministro della Difesa Moshe Yaalon con l'avallo del premier Netanyahu, ricordi il precedente di David Ben Gurion, fondatore dello Stato, che all'inizio degli anni Cinquanta creò l'«Unità 101», mettendola agli ordini di un giovane ufficiale di nome Ariel Sharon, per fronteggiare la minaccia di gruppi di guerriglia presenti in Giordania: fu da questi uomini che nacque in seguito il corpo dei paracadutisti.

6

Leader rivali

Al-Baghdadi e la jihad permanente

Nel secondo anno di vita del Califfato dello Stato Islamico la priorità di Abu Bakr al-Baghdadi, fondatore, ideologo e leader assoluto, è promuovere una guerra permanente al fine di ottenere obiettivi convergenti: la moltiplicazione dei *bayat* nel mondo musulmano, il rafforzamento delle istituzioni nei territori controllati e la diffusione dell'ideologia jihadista nel mondo. Il *bayah* è il giuramento di fedeltà tribale che per la giurisprudenza islamica (*fiqh*) risale a Maometto, indica la fedeltà a un capo riconosciuto e viene perseguito da al-Baghdadi come strumento di sottomissione degli altri gruppi islamici alla sua autorità. Più ne accumula, più il Califfato si estende. Fra la fine del 2014 e l'inizio del 2015 al-Baghdadi ottiene simili *bayat* da gruppi islamici nel Sinai, a Gaza, in Libia e Tunisia, in Algeria, in Arabia Saudita e Yemen, in Afghanistan-Pakistan, in Somalia e Nigeria consentendo a Isis di strappare ad al-Qaida la leadership della jihad globale.

Se Ayman al-Zawahiri, nel 2012 e nel 2013, chiede ripetutamente – e inutilmente – il *bayah* ad Abu Bakr al-Baghdadi in Siria, per ottenere la sua sottomissione a Jabhat al-Nusra nelle operazioni contro il regime di Bashar Assad, nei ventiquattro mesi seguenti avviene l'esatto contrario: oltre a opporre un rifiuto insormontabile, il Califfo di Isis dimostra di riuscire a imporsi sui maggiori teatri di conflitto militare proprio a danno di al-Qaida. Sono i *bayat* a consentire l'allargamento delle operazioni offensive, disegnando una strategia a macchia d'olio. Bayt al-Maqdis diventa Wilayat Sinai dimostrando di essere in grado di tenere in scacco intere divisioni dell'esercito egiziano, oltre a infiltrarsi nella Striscia di Gaza con la Brigata Sheikh Omar Hadid. Lo Stato islamico del Khorasan sorge in Afghanistan-Pakistan attirando le cellule talebane orfane del mullah Omar nel progetto di rovesciare il governo di Kabul. Ansar al-Sharia in Libia consente di impossessarsi di Sirte, creando con Ansar al-Sharia in Tunisia l'ossatura di uno Stato Islamico nel Maghreb che arriva fino in Algeria con Jund al-Khalifa. In Arabia Saudita sorgono due «Province», Hijaz e Najd, dimostrando di riuscire a operare compiendo attentati lì dove al-Qaida era stata smantellata dai raid dei servizi di sicurezza del regno. E nel confinante Yemen, dove al-Qaida conserva la sua base operativa più solida, riesce a creare ben sette *wilayat* in dieci regioni: Sa'ada, Sana'a, al-Jawf, al-Bayda, Taiz, Ibb, Lahij, Aden, Shabwah e Hadramaut.[1] Ma è in Africa dove l'espansione di Isis raccoglie i risultati più importanti perché i *bayat* ottenuti dagli al-Shabaab somali e da Boko Haram in Nigeria assegnano al Califfato una dimensione geografica che, dal Sahel all'Hindu Kush, evoca nei jihadisti l'imponenza delle conquiste arabe dei successori di Maometto.

È tale proiezione di una guerra permanente su confini in costante estensione che mette il Califfo nelle condizioni di rafforzare la centralità dei territori controllati nello

Stato Islamico vero e proprio – dalla periferia di Aleppo a quella di Baghdad – investendo su istituzioni locali, servizi sociali, amministrazione civile e infrastrutture economiche al fine di trasformare la capitale Raqqa nel simbolo della «Casa della dignità e della sicurezza», aperta ad accogliere ogni musulmano.

Aggressività militare, violenza efferata e conquiste territoriali sono così funzionali al rafforzamento della capacità di attrazione nei confronti dei jihadisti – almeno 30.000 i volontari stranieri giunti in Iraq e Siria dal 2011 –[2] che nascono dal nocciolo duro dell'ideologia del Califfo. Si tratta di un complesso di pronunciamenti, editti e norme emanate dal 2007 a oggi che descrivono «Credo e Cammino» dello Stato Islamico. Il punto di partenza è «distruggere e sradicare tutte le manifestazioni di idolatria» e ciò porta alla volontà di sterminare gli sciiti, definiti «coloro che rigettano Maometto», perché colpevoli di «apostasia» attraverso «riti evidenti» contrari alle origini dell'Islam. Sono «stregoni» che «devono essere uccisi» perché «neanche il pentimento è accettabile dopo la loro cattura» e dunque «la punizione deve avvenire con la spada». La legge esercitata sulla base «della sharia e degli insegnamenti del Profeta», attraverso i «tribunali» e l'«autorità del Califfo», punta a punire ogni forma di «secolarismo», ovvero «nazionalismo, patriottismo, comunismo e baathismo», perché «nullificano l'Islam» mentre «coloro che credono nella Torà e nel Vangelo» sono infedeli a cui viene data la «possibilità del perdono», offrendo la conversione in alternativa alla guerra. Infedeli e apostati sono tanto singoli che nazioni contro cui lo Stato Islamico persegue distruzione e sradicamento, concedendo come unica possibilità di salvezza a cristiani ed ebrei la sottoscrizione di un «patto con lo Stato Islamico» che ne sancisca la totale sottomissione.[3]

Per Bernard Haykel, arabista dell'Università di Princeton, «si tratta di concetti e riferimenti che si originano dai testi fondamentali dell'Islam, presi dalla profondità del Medioevo e catapultati nella realtà contemporanea» proprio come avviene per il ricorso sistematico a «crocefissioni, decapitazione e schiavitù».[4]

È la genesi di un jihadismo protagonista non solo nelle sabbie del Medio Oriente e del Maghreb, ma sui social network grazie alla #GenerationKhilafah che vede migliaia di individui, soprattutto sotto i trent'anni, affascinati da tali messaggi che nei testi di al-Baghdadi si sovrappongono ai contenuti ideologici mutuati da tre testi fondamentali di altrettanti strateghi e teorici della jihad.

Il più influente e citato è l'egiziano Sayyid Qutb, teorico dei Fratelli Musulmani, autore dei trenta volumi di *Fi Zilal al-Qur'an* – scritti dal 1951 al 1965 – nei quali sostiene che l'Islam deve essere «purgato dall'ignoranza di Allah» e l'unica maniera per riuscirci è «sottomettere o uccidere» gli infedeli, estendendo il concetto alle democrazie perché si tratta di sistemi di governo che «minano la sovranità di Allah», in quanto «il Corano è l'unica Costituzione di cui hanno bisogno i musulmani».[5]

Il secondo, per importanza, è Abdullah Azzam, il teologo palestinese della jihad maestro spirituale di Osama bin Laden, grazie al suo testo *In difesa delle terre musulmane* – scritto nel 1979 per legittimare la resistenza all'invasione sovietica dell'Afghanistan – in cui afferma che è la scomparsa del Califfato nel 1924 a rendere impossibile l'esistenza di un «Imperatore islamico» capace di combattere contro gli «invasori» e dunque la jihad è un «obbligo universale di tutti i seguaci dell'Islam».[6]

Al 1979 risale anche *The Quranic Concept of War* del pakistano Brigadier S. K. Malik, il quale sostiene che «ogni guerra deve essere combattuta per far risorgere il Califfato al fine di realizzare la sovranità di Allah sulla Terra» e l'«unico obiettivo militare importante è l'anima dell'infedele che deve essere convertito o ucciso».[7]

Ali Khamenei, il nucleare per l'egemonia

Ali Khamenei è il leader supremo della Repubblica Islamica dell'Iran il cui intento è sfruttare il programma nucleare nazionale nell'ambito della strategia per garantire a Teheran un ruolo egemone sul Medio Oriente a scapito dei propri avversari: il «Grande Satana» degli Stati Uniti, i rivali dell'Arabia Saudita e il «nemico sionista» di Israele «destinato a sparire».

È un pamphlet di 416 pagine a descrivere l'approccio di Khamenei alla regione all'indomani dell'accordo sul programma nucleare raggiunto a Losanna con il Gruppo 5+1 (Usa, Russia, Cina, Gran Bretagna, Francia più Germania). Il testo indica l'autore nel grande ayatollah Khamenei definendolo «il portabandiera della liberazione di Gerusalemme» e teorizza la negazione del diritto all'esistenza di Israele adoperando tre verbi: «annichilire», «dissolversi» e «rimuovere». Se lo Stato ebraico è «il nemico», per Khamenei le ragioni sono tre. Anzitutto è un leale «alleato del Grande Satana americano» ed è dunque un ingranaggio-chiave dello «schema diabolico» di dominare la «madreterra della *umma*» musulmana da parte di Washington. In secondo luogo è un «infedele ostile» perché ha combattuto contro i musulmani in più conflitti militari a partire dalla sua creazione, nel 1948. E infine «occupa Gerusalemme, «terza città santa dell'Islam», dove Khamenei afferma di «avere il desiderio di pregare», come dimostra il fatto di indossare ogni giorno una sciarpa con i colori della *kefiah* bianconera palestinese.

Nel libro, la strategia per cancellare Israele viene illustrata nei dettagli spiegando che non si tratta di una «guerra classica», ma di un conflitto di lungo termine a bassa intensità per spingere il numero più alto possibile di ebrei ad andarsene. La soluzione del conflitto mediorientale è dunque nella «formula con un solo Stato», sotto i musulmani, che consentirà di rimanere come «minoranza protetta» solo a quel numero limitato di ebrei con «vere radici» *in loco*. Per realizzare tale progetto Khamenei punta, sul piano militare, su conflitti di attrito simili a quelli «vinti» negli ultimi anni da Hezbollah in Libano del Sud e Hamas a Gaza e, sul piano diplomatico, sulla «stanchezza nei confronti di Israele» da parte della comunità internazionale. A completare il tutto c'è una definizione dell'Olocausto come «strumento di propaganda» perché, «se davvero qualcosa di simile è avvenuto, non sappiamo perché e come».[8] Ciò che più conta del pamphlet del leader supremo è l'idea che la distruzione di Israele diventa perseguibile perché l'America, dopo l'accordo sul nucleare, «è divenuta più debole».

A spiegare tale legame di causa-effetto è Qassem Soleimani in un discorso tenuto il 1° settembre 2015 all'Assemblea degli esperti di Teheran, uno degli organi istituzionali di maggiore rilievo della Repubblica Islamica. «Il potere dell'America in Medio Oriente è in declino» afferma Soleimani, spiegando che «stiamo assistendo al collasso del potere degli Stati Uniti perché ad affermarsi è la solidità degli interessi e delle logiche dell'Iran». Due gli esempi portati. Primo: «L'America vuole tenere in vita lo Stato Islamico per spingere i musulmani a continuare a dipendere da lei» e la dimostrazione è che «le forze americane agiscono senza porre minacce esistenziali a questi terroristi». Secondo: «In Yemen gli houthi di Ansar Allah sono un movimento popolare che ha già resistito quattro mesi», ovvero «il doppio di quanto fecero i talebani nel 2001 in Afghanistan».[9]

Poiché Soleimani è il generale iraniano più impegnato sui fronti di battaglia della regione, le sue parole riflettono la lettura dei cambiamenti strategici in atto: «L'America ha dovuto accettare il nucleare iraniano, perde terreno su ogni fronte, i suoi alleati sauditi non riescono a battere gli houthi e Washington è costretta a sfruttare Isis per tenersi vicini gli arabi». La conclusione di Soleimani è quella a cui Khamenei tiene di più: con il «Grande Satana» in affanno «Israele si è indebolita» e la sua scomparsa diventa un obiettivo perseguibile. Il leader supremo condivide tale lettura degli avvenimenti al punto da fare una previsione precisa: «Fra venticinque anni il nemico sionista non ci sarà più».[10]

L'ostentazione di tanta sicurezza nasce dal fatto che Soleimani è il comandante militare a cui Khamenei affida di trasformare in realtà il progetto di egemonia regionale, ovvero il controllo – attraverso governi, organizzazioni, partiti e milizie alleati – di una «mezzaluna sciita» di territori in Medio Oriente che parte dall'Iran, attraversa l'Iraq, guidato dai partiti sciiti, e la Siria di Bashar Assad per arrivare fino nel Libano dominato da Hezbollah di Hassan Nasrallah. Le operazioni militari attribuite alla Forza «al-Qods» in Yemen, per mano dei ribelli houthi, e in Bahrein, grazie agli aiuti all'opposizione, servono a Khamenei per creare delle crisi militari a ridosso del territorio saudita, obbligando il maggiore rivale strategico a dedicare risorse, militari e finanziarie, alla difesa della Penisola arabica distogliendole così dagli altri teatri di attività belliche.

Tale progetto nasce dagli insegnamenti che Khamenei

trae da quelli che considera i suoi più importanti maestri. Sono leader islamici fonte di costante richiamo ideale e di insegnamenti pratici: Navab Safavi, feroce avversario delle «potenze imperiali» e determinato sostenitore della Repubblica Islamica che lo shah fece uccidere nel 1955, e l'ayatollah Khomeini, fondatore della Repubblica Islamica e predecessore di Khamenei.[11]

L'anti-imperialismo viscerale di Safavi è alla base dell'ostilità di Khamenei contro gli Stati Uniti così come la fedeltà alla Rivoluzione khomeinista lo porta a custodire gelosamente il regime basato sulla dottrina del *wilayat al-faqih*,[12] che sostiene la guida del sistema politico da parte di un giurista islamico «giusto e capace» in assenza dell'imam infallibile, nonché a ritenere che siano i Guardiani della Rivoluzione lo strumento per proteggerla dall'interno in Iran – grazie al controllo dell'apparato di sicurezza e di ingenti risorse economico-industriali – e per imporla sull'intera regione.

Con alle spalle la militanza negli studenti islamici e arrestato per sei volte in dieci anni – dal 1960 al 1970 – dalla polizia segreta dello shah, Khamenei riassume esperienze e valori della Rivoluzione khomeinista che si trova a guidare da quando, nel 1989, ha preso il posto del fondatore.[13] Titolare di un potere illimitato, in assoluto controllo del Consiglio dei guardiani – che ha l'autorità di approvare o respingere ogni candidato elettorale – e convinto della coincidenza fra perseguimento della giustizia e realizzazione di una società islamica, Khamenei vede nel Corano la fonte della sua ideologia e della perpetuazione di un potere che intende trasmettere al figlio Mojtaba, considerato fra i registi della repressione di piazza che nel 2009 riuscì a stroncare le proteste dell'«Onda Verde» contro i brogli che accompagnarono la rielezione del presidente Mahmoud Ahmadinejad.[14]

Nella similitudine fra giustizia e Islam c'è la coincidenza fra Safavi e Khomeini perché «l'Islam condanna il modello di sviluppo occidentale che porta all'affermazione di gruppi limitati di persone abbassando il livello di crescita del resto della popolazione», identificando tale «aberrazione» con gli esempi di società che vengono dagli Stati Uniti e da Israele.[15]

È su tali basi che si sviluppa l'idea dell'Iran «avanguardia del Medio Oriente», ovvero capace di «diffondere» la propria visione della «giustizia islamica» oltre i propri confini, attraverso gli Stati arabi e nel mondo musulmano.

Sono tre i messaggi di cui Khamenei si fa portatore al fine di centrare tale obiettivo. Primo: «Ogni successo dell'Iran appartiene all'intera *umma* musulmana», a cominciare dal «programma nucleare» che il leader supremo gestisce e coordina in prima persona sin dalla sua creazione. Secondo: lo strumento per diffondere il pensiero rivoluzionario sono le elezioni perché ovunque si vota prevalgono forze a lui favorevoli, dagli Hezbollah in Libano a Hamas a Gaza fino ai partiti sciiti in Iraq e anche ai Fratelli Musulmani in Egitto, nel voto del 2012 che elesse Morsi. Terzo: le milizie sciite, intese come vettore paramilitare per veicolare l'influenza politica di Teheran associata a quella culturale della Rivoluzione khomeinista.

È una ricetta di «risveglio islamico»[16] che Khamenei vede confermata nella sua efficacia dai risultati che Soleimani coglie sul terreno adoperando proprio la Forza «al-Qods» per coordinare le milizie sciite in Iraq, Siria, Libano, Yemen e Afghanistan. Si tratta di un «risveglio» sciita, ma ha caratteristiche simili al movimento dei Fratelli Musulmani sunniti perché Khamenei lo conosce a fondo, avendo studiato gli scritti del suo più importante ideologo, Sayyid Qutb, fino a curarne la traduzione in farsi.[17] La convergenza fra il pensiero rivoluzionario islamico sciita e gli scritti di Qutb costituisce un raro esempio di convergenza fra ideologie politiche maturate all'interno delle due più grandi comunità dell'Islam, accomunate dall'ostilità verso l'Occidente e dalla volontà di risvegliare i musulmani.

Salman, un re guerriero per unire gli arabi

La morte, avvenuta nel gennaio 2015, del novantenne re Abdullah porta alla guida dell'Arabia Saudita il fratello ottantenne Salman bin Abdulaziz al-Saud, che sin dalle prime ore di regno compie gesti e pronuncia messaggi rivelatori delle proprie intenzioni: consolidare la monarchia e rafforzare la coesione fra sunniti per sfidare gli avversari, jihadisti e iraniani, suggellando il ruolo di Riyad come maggiore potenza regionale in Medio Oriente, con ambizioni globali.

Le prime decisioni di Salman riguardano la linea di successione. Ed è una svolta storica perché sceglie come principe ereditario un esponente della seconda generazione, fra i nipoti del fondatore Abdulaziz: Mohammed bin Nayef, cinquantasei anni, ministro dell'Interno, nemico giurato dei jihadisti. E alle sue spalle, come abbiamo visto, in qualità di viceprincipe ereditario indica il figlio trentenne, Mohammed bin Salman. Si tratta di un tandem di acciaio perché entrambi devono la loro identità alla lotta contro i nemici del regno wahhabita: Bin Nayef contro i jihadisti, Mohammed contro l'Iran.

Nel 2009 Bin Nayef sopravvive a un tentativo di omicidio e da quel momento bracca ogni gruppo fondamentalista, dai Fratelli Musulmani a Isis. Diventando la bestia nera dei jihadisti. Promettergli la corona significa far capire che Riyad si prepara a un lungo conflitto contro l'Islam sunnita rivoluzionario, con l'intento di stroncarlo.

Come abbiamo già detto, Mohammed bin Salman invece viene nominato seduta stante ministro della Difesa, riceve l'incarico di guidare la campagna militare in Yemen contro gli houthi alleati di Teheran e diventa dunque il leader del fronte anti-Teheran.

Nel messaggio di re Salman a trenta milioni di sudditi, i contenuti sono eloquenti: «Continueremo ad aderire alle giuste politiche seguite sin dalla creazione del regno» perseguendo «maggiori coesione e solidarietà nelle nazioni araba e islamica». Ciò significa che, sul fronte interno, Salman – noto per carattere moderato e capacità nel trattare – è disposto a riforme ma senza snaturare il regno wahhabita mentre in ambito regionale ha l'ambizione di rendere «più coesi i sunniti» e tentare di gettare un ponte verso gli sciiti, ovvero implicitamente verso l'Iran. Per questo invita il leader turco Erdoğan a Riyad, lavora alla riconciliazione con il Qatar e riceve a palazzo perfino Khaled Mashaal, leader di Hamas in esilio: è il fronte sunnita degli ex alleati dei Fratelli Musulmani egiziani. Re Abdullah li ha combattuti senza remore, Salman vuole recuperarli perché ritiene prioritario il confronto con l'Iran. La volontà di rafforzare il fronte sunnita è la chiave di un'idea di leadership regionale che porta Riyad ad alzare il profilo sui conflitti in corso: per rovesciare Bashar Assad in Siria, smantellare lo Stato Islamico del Califfo, riconsegnare lo Yemen al legittimo presidente Abed Rabbo Mansour Hadi, delimitare lo stra-potere dei partiti sciiti a Baghdad. Ciò che muove Salman è l'urgenza di ostacolare i progetti di egemonia regionale di Teheran. Il re è uno dei dichiarati oppositori del programma nucleare iraniano e porta tale messaggio da Washington a New Delhi, da Mosca a Pechino. Il tutto con uno stile nuovo con cui Salman sorprende alleati e rivali, a cominciare dal tweet di 140 caratteri con cui lui stesso annuncia la successione ad Abdullah. «Chiedo ad Allah di darmi il successo nel servire il mio popolo e realizzarne le speranze» scrive il re, innescando una pioggia di migliaia di messaggi sui social network che riflette l'attesa da parte della metà dei cittadini che ha meno di venticinque anni.

Intraprendenza e ambizioni di Salman contengono anzitutto un messaggio a Washington sulla volontà di accelerare lo smarcamento dalla dipendenza politica Usa, cercando un ruolo più attivo come leader dei sunniti. Ma non è tutto, perché a svelare cosa cova in Medio Oriente è Marc Schneier, rabbino di New York, che in coincidenza con la successione al trono wahhabita svela l'amicizia a lungo segreta con lo scomparso Abdullah plaudendo al suo «ruolo» nel dialogo interreligioso e nel tentativo di comporre «non solo il conflitto israelo-palestinese ma anche quello arabo-israeliano».[18] Ovvero, nell'eredità di Abdullah a Salman c'è anche la convergenza di interessi fra sunniti e Israele contro i comuni nemici.

Bin Nayef, la controrivoluzione sunnita

Nato nel 1959 a Gedda, educato a Riyad e a Portland, in Oregon, Mohammed bin Nayef si forma seguendo corsi avanzati di anti-terrorismo in Gran Bretagna e Stati Uniti. Al ritorno in Arabia, nel 1999, l'allora re Fahd lo nomina viceministro degli Interni e da quel momento è lui a guidare una guerra senza tregua contro ogni gruppo jihadista considerato un pericolo per la monarchia. Dopo gli attacchi dell'11 settembre 2001 contro l'America è sempre lui a essere l'interlocutore di Cia ed Fbi nella caccia ad al-Qaida e, nei cinque anni seguenti, usa il pugno di ferro per sradicare le cellule di Bin Laden nel regno. Elimina uno dopo l'altro i capi locali di al-Qaida e, nel 2009,

Anwar al-Awlaki, leader di al-Qaida in Yemen, decide di ucciderlo. È una trappola ben congegnata: il super-ricercato Abdullah Hassan al-Asiri fa sapere di volersi consegnare a Bin Nayef in persona, parte dallo Yemen, arriva a Gedda e viene accolto dal ministro che, in segno di rispetto, gli evita perquisizioni corporali. Al-Asiri ha una mini-bomba inserita nella cavità anale e quando gli stringe la mano si fa esplodere. Bin Nayef sopravvive, con una ferita a due dita, e decide di trasformare la lotta ai jihadisti in dottrina militare, trovando nello zio Salman, allora ministro della Difesa, un alleato di ferro.

Sono i militari di Salman e gli 007 di Bin Nayef a fare dell'Arabia Saudita il Paese guida del fronte anti-jihadista come della sfida all'Iran sulla soglia del nucleare. L'intervento panarabo in Yemen, contro i ribelli sciiti ma anche per sradicare al-Qaida, è un assaggio di cosa hanno in mente. Ed è significativo che la svolta coincida con altre due decisioni: la sostituzione del ministro degli Esteri Saud al-Faisal, in carica dal 1975, col giovane ambasciatore a Washington Adel al-Jubeir e la nomina a viceprincipe ereditario di Mohammed bin Salman. Bin Nayef è il primo nipote del fondatore Abdulaziz che diventerà re mentre Mohammed e al-Jubeir appartengono alla nuova generazione, molto legata agli Usa. La volontà di cementare il legame strategico con Washington, guardando oltre l'avvicinamento Obama-Iran, trova conferma dal segnale del re sul fronte delle riforme interne: le donne saudite potranno, per la prima volta, votare ed essere elette ai consigli municipali.

Al-Sisi, la coalizione anti-jihadista

Pugno di ferro militare contro i jihadisti in Libia e iniziativa all'Onu per ripetere sullo scacchiere del Maghreb la coalizione anti-Isis già attiva in Iraq e Siria: sono questi i due binari della risposta di Abdel Fattah al-Sisi alla sfida del Califfo dello Stato Islamico.

Il presidente egiziano legge la decapitazione dei ventun cristiani copti, nel febbraio 2015, come una minaccia diretta alla sicurezza nazionale e passa al contrattacco sul fronte militare e diplomatico. Il timore di al-Sisi è un Egitto accerchiato da guerriglie jihadiste – Ansar al-Sharia in Libia e Bayt al-Maqdis nel Sinai –, entrambe agli ordini del Califfo, che può contare anche su alcuni gruppi salafiti presenti al Cairo e ad Alessandria, espressione del dilagante malessere dei Fratelli Musulmani.

La reazione punta dunque a scompaginare i piani del Califfo, trasformando l'Egitto nel volano di una risposta regionale di alto profilo. Si spiega così la contemporaneità delle mosse del rais: invia migliaia di uomini nel Sinai, dà luce verde a ondate di attacchi aerei contro le basi di Isis in Cirenaica e trasforma il generale libico Khalifa Haftar nello strumento di un intervento per procura in Libia. Dietro ad al-Sisi c'è il re saudita Salman, che vuole estendere una coalizione anti-Isis alle aree del Maghreb dove i jihadisti sono più presenti e pericolosi, ovvero la Libia e il nord del Mali. L'ipotesi è costruire una coalizione di Paesi, europei e arabi, pronta a intervenire contro le aree urbane che Isis controlla in Libia. Saranno i Paesi aderenti a decidere come farlo, ma l'opzione della guerra aerea resta la più valida, a sostegno delle truppe di terra libiche del generale Haftar, in maniera analoga a come gli Usa in Iraq sostengono dall'aria truppe irachene e peshmerga curdi.

La rapidità con cui il premier degli Emirati Arabi Uniti ed emiro di Dubai, Mohammed bin Rashid al-Maktoum, esprime sostegno ad al-Sisi per «sradicare la minaccia terroristica» lascia intendere che i suoi jet affiancano quelli egiziani sui cieli libici e che, sul fronte diplomatico, è questo – assieme ai sauditi – il nucleo iniziale della coalizione. Per al-Sisi, che non partecipa all'iniziativa militare anti-Isis in Iraq e Siria, significa ritagliarsi il ruolo di Paese guida del fronte occidentale della guerra al Califfo jihadista e anche, in prospettiva, di leader nella ricostruzione della Libia, d'intesa con Parigi da cui acquista, in febbraio 2015, ventiquattro jet Rafale e, qualche mese più tardi, due portaelicotteri Mistral con un gesto di smarcamento dalla dipendenza trentennale dalle forniture militari degli Stati Uniti.

L'altro tassello dell'iniziativa di al-Sisi è il leader del Cremlino Vladimir Putin con cui concorda un'alleanza economica e strategica di dimensioni tali da includere la collaborazione sul nucleare civile. Ma non è tutto, perché al-Sisi ha anche l'ambizione di demolire ideologicamente il Califfato: da qui il progetto, discusso con il re giordano Abdallah, di organizzare grandi convegni dei saggi dell'Islam sunnita per delegittimare il pensiero jihadista innescando quella che il rais definisce una «rivoluzione nel mondo musulmano». Ma rischi militari, disaccordi diplomatici e l'incognita dei Fratelli Musulmani complicano l'intento del presidente egiziano di dare vita a una coalizione internazionale anti-Isis in Libia.

I rischi militari hanno a che vedere con lo scenario del possibile intervento: Il Cairo adopera i jet, ma se non bastassero potrebbe essere obbligata a effettuare operazioni di truppe speciali come quelle che la Giordania di re Abdallah prepara in Siria e Iraq per «eliminare i leader di Isis». È uno scenario di escalation che, secondo l'analista britannico Richard Galustian, con alle spalle molti anni sul terreno in Libia, «potrebbe fare il gioco di Isis, portando al-Sisi a impantanarsi fra le oasi jihadiste della Cirenaica».[19] Non a caso Ahmed al-Mosmari, portavoce delle forze libiche fedeli al governo di Tobruk, avverte l'Egitto: «Non ci servono truppe di terra straniere ma solo sostegno aereo».[20] Dietro queste dichiarazioni da parte delle forze libiche che Il Cairo si propone di sostenere ci sono due elementi convergenti: da un lato l'insofferenza del governo per la scelta egiziana di schierare truppe a cavallo del confine, creando una zona cuscinetto, e dall'altro il timore che un intervento di terra del rais faccia emergere il generale Haftar come nuovo leader libico, risultando determinante negli equilibri di potere.

Nel tentativo di arginare il rischio di precipitare nel ginepraio delle fazioni libiche, Il Cairo fa sapere di puntare alla creazione di una «grande coalizione araba» per sradicare Isis da Cirenaica, Tripolitania e Fezzan, ma anche su questo fronte i grattacapi non mancano: un veterano della diplomazia tunisina come Moktar Chaouachi si dice a favore di una «soluzione diplomatica e non militare» mentre Algeria e Marocco preferiscono un basso profilo che suggerisce prudenza davanti all'accelerazione egiziana. Ma il pericolo maggiore per al-Sisi viene dall'interno dell'Egitto, ovvero dalla possibilità che i gruppi di Fratelli Musulmani più ostili al governo possano sfruttare l'intervento in Libia per aprire un fronte di proteste, azioni di disturbo e scontri destinato a mettere a dura prova un apparato di sicurezza già alle prese con un'emergenza su due fronti, Sinai e Libia.

La complessità delle operazioni militari spiega perché al-Sisi decide di puntare sulla miscela fra nazionalismo ed economia per indurre gli egiziani a respingere la seduzione dei gruppi jihadisti. La carta che gioca è il raddoppio del Canale di Suez, ovvero un progetto che esalta l'identità dell'Egitto come nazione leader del mondo arabo.

«Questo è solo il primo di migliaia di passi che l'Egitto si appresta a compiere»: con queste parole al-Sisi, il

6 agosto 2015, inaugura il raddoppio del Canale presentandolo come l'inizio di un processo di rinascita nazionale di lungo termine. I simboli della cerimonia a Ismailia esaltano proprio il nazionalismo attorno a cui al-Sisi vuole ricostruire il Paese reduce da quattro anni di instabilità. Il rais arriva indossando un'alta divisa militare a bordo del El-Mahrousa, lo yacht presidenziale che fu la prima imbarcazione ad attraversare il Canale nel 1869, scortato dalla fregata francese Fremm denominata «Lunga Vita all'Egitto», mentre in cielo sfrecciano pattuglie di jet Rafale ed F-16, consegnati da Parigi e Washington nelle ultime settimane. Il tutto in una cornice di simboli e costumi faraonici che rappresentano attorno alle rive del Nilo una continuità fra i fasti dell'antichità e le potenzialità odierne. E, sotto la tenda della cerimonia, al-Sisi, sostituita la divisa con un più austero vestito scuro, pronuncia un discorso-manifesto sulla nazione «che regala al mondo questo nuovo Canale da otto miliardi di dollari», riuscendo nell'impresa «nonostante il peggiore dei terrorismi che ci minaccia» e grazie «all'unità e alla determinazione che ci distinguono». Testimoniate dalla presenza, accanto a lui, dell'imam di al-Azhar, el-Tayyeb, e del pope copto Tawadros II. «Abbiamo trionfato sul terrorismo con la vita e sull'odio con l'amore» dice il rais, concludendo con l'annuncio di «nuovi grandi progetti nazionali», a cominciare da una zona industriale a ridosso del Canale di Suez, destinata ad attrarre investimenti stranieri al fine di creare occupazione. Il tutto nella cornice di oltre duecento leader stranieri – dal presidente francese François Hollande al premier russo Dmitrij Medvedev fino al re di Giordania Abdallah – che gli garantisce la veste di legittimità internazionale cercata sin dall'arrivo al potere nel luglio 2013, con il rovesciamento militare del predecessore Mohammed Morsi. Per l'Egitto il 6 agosto

diventa subito festa nazionale, con le maggiori città coperte di scritte patriottiche e le tv impegnate a trasmettere video e canzoni che esaltano contadini, lavoratori e soldati, ovvero le tre tipologie di cittadini su cui al-Sisi punta per garantire prosperità e sicurezza a una popolazione di novanta milioni di anime assediata da povertà e sottosviluppo.

Ma la scommessa di affidarsi a tale ricetta per superare difficoltà economiche confermate dal calo delle riserve in valuta – scese a 18,5 miliardi di dollari a metà 2015 – si scontra con le obiezioni degli analisti, assai dubbiosi sulle previsioni governative di poter triplicare entro il 2023 le entrate del Canale. «Ogni proiezione sul futuro è una speculazione perché il commercio marittimo dipende dalla crescita globale» osserva Peter Hinchliffe, segretario generale della International Shipping Federation, precisando che «l'aumento massimo del traffico in dieci anni potrà essere del 30 per cento»,[21] ovvero ben inferiore alle attese di al-Sisi. Ahmed Kamaly, economista dell'American University del Cairo, è più netto: «Il raddoppio del Canale è stato eseguito senza studi appropriati e le previsioni di entrate sono del tutto ipotetiche».[22] Willy Shih, docente a Harvard e studioso di Egitto, aggiunge: «C'è bisogno urgente di manifatture e posti di lavoro, forse gli otto miliardi di dollari potevano essere impiegati in maniera più fruttuosa».[23] A sollevare ulteriori dubbi sul nazionalismo di al-Sisi sono quei media egiziani – digitali e non – che indicano i maggiori sponsor della cerimonia del Canale nei tycoon legati all'era di Hosni Mubarak, il presidente autocrate rovesciato dalla rivoluzione del 2011: dall'Ezz Steel di Ahmed Ezz, reduce da una condanna a tre anni per corruzione, al Talaat Moustafa Group, conglomerato industriale legato al passato regime, fino a Ceramica

Cleopatra di proprietà di Mohammed Aboul el-Enein, ex alto funzionario del disciolto partito nazional-democratico. A conti fatti, l'unico grande finanziatore del raddoppio del Canale non legato a Mubarak è Naguib Sawiris, proprietario fra l'altro della compagnia di telecomunicazioni egiziana Orascom, che dopo la caduta di Morsi promise di «investire in Egitto come mai fatto in precedenza»[24] per sostenere al-Sisi.

El-Tayyeb, il grande imam anti-Califfo

«Bisogna combattere gli estremisti che diffondono interpretazioni corrotte del Corano e della vita del Profeta Maometto»: è Ahmed el-Tayyeb, grande imam dell'Università di al-Azhar, il maggiore centro religioso sunnita, a rivolgersi dalla Mecca a «studiosi, accademici e insegnanti» per sconfiggere sul piano della teologia il pensiero jihadista che alimenta lo Stato Islamico. El-Tayyeb parla, nel febbraio 2015, dalla città più sacra dell'Islam nella cornice del Convegno contro il terrorismo sotto l'egida del nuovo re saudita Salman che, in un messaggio scritto, sottolinea la necessità della «tolleranza zero» contro i jihadisti. Offensiva ideologica e militare sono affiancate nella sfida al Califfo di Isis perché questa è la formula che i leader di Egitto, Giordania, Arabia Saudita ed Emirati Arabi Uniti hanno concordato al fine di dare una «poderosa risposta araba al terrorismo», come riassume il presidente Abdel Fattah al-Sisi. Il presidente egiziano e il re saudita vogliono dare risalto alle parole di el-Tayyeb perché quanto dice punta a mobilitare contro Isis la comunità degli *ulema*.

«Bisogna introdurre nei curriculum sull'educazione» afferma il grande imam «la correzione di concetti falsi e ambigui» come quelli che «portano a giudicare i musulmani degli infedeli innescando il caos» e «impedendo all'Islam di essere unito». In particolare, el-Tayyeb si scaglia contro l'«accumularsi di tendenze estremiste e di interpretazioni scorrette degli insegnamenti religiosi» relativi al Corano e alla Sunna, incentrata sull'esempio di Maometto. In concreto ciò significa accusare i «gruppi terroristici» – come Egitto e Arabia Saudita definiscono al-Qaida, Isis, Fratelli Musulmani e cellule salafite jihadiste – di stravolgere l'Islam e la figura di Maometto per «generare violenza e dividere i musulmani» portando a «instabilità sociale». Sono affermazioni che trasformano il grande imam di al-Azhar nel portavoce della «rivoluzione religiosa» auspicata da al-Sisi, nel discorso di fine dicembre 2014 agli *ulema* egiziani, e sostenuta dal sovrano giordano Abdallah all'indomani della morte del pilota Muath al-Kasasbeh, avvenuta all'inizio di febbraio 2015, arso vivo da Isis. «Il terrorismo degli estremisti» osserva re Salman «fomenta l'islamofobia internazionale, minacciando i musulmani nel mondo.»

Gli affondi politici e teologici hanno per destinatari anche quei Paesi musulmani che sono più inclini a compromessi con i «gruppi estremisti», ovvero Qatar e Turchia, che hanno scelto di dare ospitalità a leader dei Fratelli Musulmani fuggiti dall'Egitto. Nella sfida teologica interna al mondo sunnita un ruolo particolare lo gioca l'Iran sciita perché Teheran si considera il primo obiettivo di Isis, ma a Riyad circolano altre interpretazioni. A farle emergere sono le «fonti governative» che, parlando con il quotidiano arabo «Asharq al-Awsat», stampato a Londra, accusano l'Iran di «ospitare dal 2007 alcuni leader di al-Qaida» per «spingerli ad attacchi contro Arabia Saudita ed Emirati» al fine di spaccare i sunniti, consentendo a Teheran di estendere la propria influenza regionale.

Erdoğan, l'ambizione del Sultanato

È un video pubblicato da «Cumhuriyet» a rendere di pubblico dominio in Turchia il sospetto che circola in Occidente sulla scelta del governo di Ankara di consentire l'arrivo di rifornimenti, armi e volontari ai più diversi gruppi di ribelli islamici che si battono in Siria contro Bashar Assad. Si tratta di un documentario tedesco di sette minuti che pone la questione dell'«invio di armi turche ai jihadisti in Siria»[25] e trova conferma nelle parole di Salih Muslim, copresidente del partito curdo siriano Unione democratica (Pyd): «Isis sui propri siti spiega come riceve armi e volontari attraverso la Turchia» a seguito di un patto siglato con Ankara in cambio della liberazione di ventiquattro suoi cittadini sequestrati a Mosul. «Se supponiamo che il governo turco non sia al corrente di quanto sta avvenendo» si chiede Muslim «perché Ankara non blocca i traffici illeciti che consentono allo Stato Islamico di mantenersi e crescere?».[26]

I resoconti dalla frontiera fra la Turchia e i territori siriani del Califfato si moltiplicano: non solo sul traffico di camion con merci di ogni genere ma sull'esportazione di greggio da parte di Isis, con un sistema di cisterne e tubi che sfrutta il territorio turco per vendere il petrolio estratto dai pozzi in mano ai jihadisti. Senza contare l'afflusso di *foreign fighters* che atterrano negli aeroporti turchi e procedono via terra verso lo Stato Islamico.[27] Human Rights Watch pubblica un rapporto in cui si documenta come «molti volontari stranieri di Isis passano per la Turchia da dove portano in Siria armi, soldi e rifornimenti» per poi «tornare se hanno bisogno di trattamenti medici urgenti».[28] Il presidente Recep Tayyp Erdoğan nega ogni sospetto, anche quando a sollevarli sono la Casa Bianca ed Europol. A esprimere il malessere della Nato è

Thomas Hegghammer, voce di punta del Norwegian Defense Research Establishment di Oslo, secondo cui «la Turchia è per la Siria ciò che il Pakistan fu per l'Afghanistan negli anni Novanta», ovvero le retrovie jihadiste.[29]

Nel settembre 2014, quando la battaglia di Kobane infuria, Isis minaccia di schiacciare i curdi ed Erdoğan non interviene. Tocca al vicepresidente Usa Joe Biden volare ad Ankara: le pressioni per ottenere un intervento di terra in tempi rapidi falliscono, sono i peshmerga curdi a salvare Kobane e Washington matura la convinzione che la Turchia abbia scelto di allearsi anche con il Diavolo pur di far cadere Assad. Le bandiere di Isis nei mercati di Istanbul[30] e i jihadisti che bevono tè e mangiano kebab in Turchia prima di tornare a combattere[31] aggiungono tasselli a un mosaico composto di notizie sui veterani delle forze speciali turche che addestrano Isis.[32]

Quando Erdoğan decide di partecipare ai raid aerei della coalizione guidata dagli Usa, la sua strategia siriana inizia a prendere forma: apre le basi a jet e droni del Pentagono che bersagliano Isis, ma gli attacchi turchi si concentrano contro le basi del Partito dei lavoratori curdi in Siria e Iraq provocandogli pesanti perdite. L'intento è impedire ai guerriglieri curdi di creare delle proprie zone autonome lungo i confini con la Turchia senza impegnarsi troppo contro Isis, che Ankara trova utile soprattutto in funzione anti-Assad. Ciò che più conta per Erdoğan è far cadere il rais di Damasco per insediare al suo posto un governo sunnita islamico che sia nell'orbita di Ankara. Per questo le forze militari turche danno via libera alla creazione dell'Esercito della conquista, la coalizione di gruppi ribelli islamici sostenuta anche da Arabia Saudita e Qatar che si trasforma rapidamente nella più pericolosa minaccia per il regime di Damasco, soprattutto grazie ad Ahrar al-Shams armati e addestrati da Ankara.[33]

Davanti all'implosione degli Stati arabi post-coloniali, Erdoğan vede la possibilità di favorire l'affermazione di movimenti politici-islamici in sintonia con l'ideologia del proprio partito Akp. È un approccio che lo vede convergere con il Qatar e spiega perché ha sostenuto i Fratelli Musulmani di Mohammed Morsi in Egitto, finanzia Hamas a Gaza – azzerando il rapporto strategico di alleanza con Israele – e invia ogni sorta di aiuto alle milizie di Fajr Libia a Tripoli. Il legame con i Fratelli Musulmani, egiziani e non, nasce dalla convinzione di Erdoğan che sono una forza politica pragmatica perché partecipa alla vita parlamentare dei singoli Stati, quando gli viene permesso. Come lui stesso afferma, «la nostra prima e unica preoccupazione è l'Islam, l'Islam, l'Islam perché è impossibile accettare che venga danneggiato o in qualsiasi maniera messo in ombra».[34] È un approccio che lo porta a cavalcare e sostenere i movimenti islamici rivoluzionari nel mondo arabo con l'ambizione di riuscire a creare una sfera d'influenza neo-ottomana in Medio Oriente e Nordafrica, facendo leva sulla comune fede sunnita. Il blocco di Paesi che Erdoğan punta a guidare, avvalendosi dei militanti dei Fratelli Musulmani e del patto strategico con il Qatar, include Siria, Giordania, Egitto, Striscia di Gaza e Libia.

La sovrapposizione fra eredità imperiale, identificazione con l'Islam ed esaltazione del proprio ruolo di leadership è evidente nella simbologia esteriore della propria presidenza, iniziata nel 2014 dopo undici anni da incontrastato capo del governo: dalle guardie d'onore con le divise dei sedici grandi imperi turchi della Storia che accolgono i leader ospiti nell'imponente «Casa Bianca» costruita su una collina di Ankara[35] al nuovo inno nazionale, composto dallo scrittore Hasan Celal Güzel, in cui si esalta «la lotta per la Nuova Turchia» equiparandola alla mitica «Mela Rossa», simbolo del panturchismo dell'Asia Centrale, riferendosi a Erdoğan come al «nostro leader», citandolo dopo personaggi del calibro di Attila, il fondatore dell'Impero ottomano Osman I, Solimano il Magnifico e Mustafa Kemal Atatürk.[36] È uno slancio panislamico, vestito di nostalgia ottomana, che fa breccia fra i leader dei Fratelli Musulmani, a cominciare dallo sceicco egiziano Youssef al-Qaradawi – spesso ospite a Doha, nel Qatar – secondo il quale «la Turchia è stata in passato la sede del Califfato» e le rivolte innescate dalla «Primavera araba» aiutano Erdoğan a «salire sul trono».[37] È un linguaggio che lo stesso Erdoğan riprende quando, nei comizi elettorali, si vanta di aver «messo al bando il putridume del passato», rispolverando le glorie dei sultani che hanno governato i turchi per 470 anni fino alla proclamazione della Repubblica da parte di Kemal Atatürk nel 1923,[38] che pose fine all'Impero dopo la sconfitta nella Prima guerra mondiale.

Alla guida della nazione con il più numeroso esercito della Nato – dopo quello degli Stati Uniti –, senza rivali nella leadership politica interna, come dimostrato dalla vittoria schiacciante del suo partito nelle elezioni politiche del 1° novembre 2015, e abile nel tessere una tela di rapporti stretti – fra ideologia e armi – con i gruppi rivoluzionari islamici, Erdoğan è, nelle parole dell'analista Soner Cagaptay, «il più potente leader della Turchia da quando divenne una democrazia multipartito nel 1950», potendo coltivare l'ambizione di diventare il nuovo sultano del Medio Oriente. Guardandosi dal rischio che più lo minaccia: «Essere rovesciato come avvenuto a Morsi al Cairo» da una rivolta popolare contro corruzione e povertà sostenuta da ciò che resta delle forze armate eredi dell'identità laica anti-islamista di Atatürk.[39]

Anche la scelta della campagna militare permanente contro i guerriglieri curdi, in Siria e nel sud della Turchia, lo espone a rischi perché gli sconvolgimenti in atto ai suoi confini – con l'arrivo di oltre un milione di profughi e le infiltrazioni jihadiste – possono catapultare dentro i confini nazionali conflitti religiosi ed etnici dalle conseguenze imprevedibili. La Turchia è senza dubbio il gigante regionale, ma è anche il Paese esposto più di altri all'incubo della frammentazione interna fra islamisti, nazionalisti e curdi.

Re Abdallah indossa la divisa

A febbraio 2015, dopo essere rimasto seduto per otto ore assieme ai suoi generali nella sala operativa del comando delle forze armate, re Abdallah di Giordania vara il pugno di ferro contro lo Stato Islamico, in risposta alla brutale esecuzione di un suo pilota, e si trasforma nel sovrano di una nazione in guerra.

Trenta F-16 dell'aviazione reale, decollati dalla base re Hussein di Mafraq, bersagliano Raqqa in Siria, capitale del Califfo Abu Bakr al-Baghdadi, e sette posti di comando di Isis a Mosul, nel nord dell'Iraq. Raqqa e Mosul sono i pilastri territoriali del Califfato: re Abdallah li investe di fuoco. Il re fa volare i jet al ritorno su Ayy-AlKarek – il villaggio del pilota Muath al-Kasasbeh arso vivo dai jihadisti – e poi chiama il padre, Safi-Youssef, ripetendo la frase «La nazione intera è in te». Sono le azioni che descrivono la trasformazione del re: salito al trono per una decisione a sorpresa del padre Hussein, incarnazione dell'Occidente, a suo agio a Washington, Davos e Londra, nonché convinto sostenitore di pace regionale ed economia globalizzata, dopo il pilota bruciato vivo da Isis è diventato il leader determinato di una nazione beduina in cerca di vendetta dopo l'onta subita.

Basta accendere la tv giordana al mattino per scoprire cosa ha in mente: immagini di guerra, con aerei, tank e obici che bersagliano posizioni avversarie sullo sfondo di inni patriottici che terminano solo quando il fedelissimo portavoce Mohammed al-Momani promette che «la risposta contro Isis sarà forte e decisiva, saranno puniti». Chi ha incontrato il re dopo il ritorno da Washington lo definisce «teso, determinato, aspro, duro». D'altra parte lui stesso ha descritto il proprio stato d'animo a un gruppo di deputati americani evocando il film *Gli spietati* di Clint Eastwood, ovvero un western incentrato sul personaggio del sindaco Bill Munny che difende una cittadina del Wyoming dai banditi applicando la più spietata versione dell'«occhio per occhio». «Se qualche figlio di puttana mi spara addosso» dice Munny-Eastwood nel film «non ammazzo soltanto lui, gli ammazzo anche la moglie, tutti gli amici e poi gli brucio la casa.» Per l'ex generale Mamoun Abu Nuwar, stratega militare giordano sensibile agli umori di corte, la svolta bellica porterà il re a «usare più i raid aerei» e anche a «possibili operazioni di truppe speciali» contro «obiettivi selezionati». Ovvero per eliminare i leader del Califfato. L'intelligence giordana, peraltro, si vanta di aver contribuito, nel 2006, a eliminare Abu Musab al-Zarqawi, leader di al-Qaida in Iraq, in risposta agli attacchi kamikaze che aveva ordinato l'anno precedente contro gli hotel di Amman.

In una conversazione con il rais egiziano Abdel Fattah al-Sisi, Abdallah illustra la «strategia su tre fronti» che ha in mente per distruggere Isis. Primo: più attività militari in Iraq e Siria. Secondo: più sicurezza interna per scongiurare attentati. Terzo: una «risposta ideologica» ai jihadisti con un «grande evento del pensiero musulmano» all'ateneo di al-Azhar del Cairo per innescare una «rivoluzione religiosa». Anche se Abu Nuwar precisa che «non sono maturi ancora i tempi dell'intervento di terra», Abdallah veste i panni hashemiti del legittimo discendente di Maometto e vuole chiudere la partita col Califfo impostore. Per salvare il proprio regno e rigenerare l'Islam. D'altra parte le notizie che provengono dallo Stato Islamico descrivono un'escalation di orribili violenze destinate a rafforzare la coesione internazionale anti-Isis. Il rapporto Onu di Save the Children, basato su testimonianze dirette, parla di bambini «crocefissi, decapitati, venduti come schiavi e sepolti vivi» sulla base di editti del «principe dei fedeli» intenzionato a eliminare le minoranze «infedeli» – cristiani, curdi, yazidi e altri – distruggendone i figli con ogni mezzo. Inclusa la trasformazione dei bambini in bambini soldato e kamikaze.

Tamim al-Thani, la sfinge del Golfo

Consente i finanziamenti privati per Isis e invia gli aerei per combatterlo, ospita da quasi mezzo secolo i leader dei Fratelli Musulmani ma li allontana bruscamente, sfida l'Arabia Saudita sul campo di battaglia siriano e nell'etere ma poi la segue inviando truppe in Yemen e siglando intese anti-Assad, finanzia i progetti di Hamas a Gaza ma costruisce una città nuova di zecca nei Territori palestinesi di Abu Mazen, firma con Teheran patti energetici ma condanna le infiltrazioni iraniane nel Golfo, crede nella ricetta fondamentalista dell'Islam politico e la adopera per aiutare gli Stati Uniti a negoziare con i talebani afghani e a scambiarsi messaggi con i jihadisti di al-Nusra: la nazione più imprevedibile, ambiziosa e capace di alternare alleanze nel Grande Medio Oriente è il Qatar dell'emiro Tamim bin Hamad al-Thani, al punto da meritare la definizione di «sfinge del Golfo» per l'impenetrabilità dei reali interessi che persegue.

Con poco più di due milioni di abitanti su appena 11.500 chilometri quadrati e un Pil di oltre trecento miliardi di dollari, il Qatar, divenuto indipendente nel 1971, è la nazione più ricca del Pianeta perché i titolari della piena cittadinanza sono appena 250.000 con un reddito pro capite di 86.440 dollari: un record dovuto alla produzione annuale di 77 milioni di tonnellate di gas liquefatto.[40] Tutto ciò su una penisola che si allunga nel Golfo Persico e alla cui forza economica, dovuta proprio ai giacimenti di gas naturale sfruttati da Hamad bin Khalifa al-Thani a partire dall'arrivo al trono nel 1995, si somma dal 1996 il canale satellitare Al Jazeera (La Penisola), voluto, fondato, finanziato e diretto dalla casa regnante degli al-Thani per scelta sempre di Hamad, padre dell'attuale emiro, a favore del quale abdica nel 2013. Al Jazeera, prima tv «all news» in lingua araba, si afferma come vettore di notizie e commenti capace di raggiungere il pubblico del Grande Medio Oriente con una penetrazione senza precedenti e quando, all'inizio del 2011, la rivolta popolare in Tunisia innesca la stagione della «Primavera araba» si trasforma in un formidabile strumento di trasmissione di messaggi a favore delle riforme, dunque rivoluzionari, percepiti come sfida e minaccia dalle leadership alla guida dei singoli Paesi. A potenzialità finanziarie e capacità mediatica gli al-Thani sommano il ruolo di Mozah bint Nasser al-Missned, moglie di Hamad e madre di Tamim, come promotrice di maestosi progetti artistici, museali e sportivi per fare del Qatar una testa di ponte della cultura occidentale nel mondo musulmano.[41]

Nel complesso, ciò che emerge è la volontà di Hamad di promuovere l'Islam politico come forma di governo nei Paesi musulmani. È un approccio che affonda le radici alla fine degli anni Cinquanta, quando le maggiori tribù del Qatar – riunite attorno agli al-Thani – danno ospitalità ai leader dei Fratelli Musulmani egiziani cacciati da Gamal Abdel Nasser dopo il colpo di Stato militare che pone fine alla monarchia di re Faruk. I Fratelli Musulmani avevano appoggiato Nasser, si aspettavano intese e accordi sul nuovo Egitto ma il nuovo rais li tradisce, il risultato sono fughe ed espulsioni che trasformano il Qatar nella loro terra di rifugio.[42]

È questa la genesi di un legame, personale e tribale, fra i Fratelli Musulmani e gli al-Thani che porta Hamad a cavalcare la «Primavera araba» su due fronti: promuovendone i contenuti e le emozioni nell'etere grazie ad Al Jazeera e sostenendo con il presidente americano Barack Obama la necessità di appoggiare l'Islam politico come versione araba della democrazia occidentale. È un messaggio che trova ascolto nell'amministrazione Usa perché coincide con la decisione della Casa Bianca di scegliere la Turchia di Recep Tayyp Erdoğan per il primo discorso di Obama al mondo musulmano, nell'aprile del 2009 dal Parlamento di Ankara, dominato dal partito Akp che incarna proprio il modello dell'Islam politico, alla guida di una nazione della Nato.[43] Il governo di Erdoğan e la monarchia al-Thani convergono nell'indicare nei Fratelli Musulmani il movimento-partito capace di trasformare in espressione democratica il richiamo all'Islam delle origini. È un messaggio che trova ascolto in America, dove l'influente analista Fareed Zakaria sostiene su «Newsweek» la necessità di «aprire il dialogo con il fondamentalismo islamico»[44] e viene fatto proprio dall'amministrazione Obama, che nel febbraio 2011 risponde alla rivoluzione egiziana contro Hosni Mubarak aprendo al dialogo con i Fratelli Musulmani locali, fino a quel momento considerati dal Cairo alla stregua di un gruppo terroristico. Quando Mohammed Morsi viene eletto presidente egiziano, il 30 giugno 2012, a seguito della vittoria alle urne proprio dei Fratelli Musulmani, trova in Obama il sostegno politico così come nel Qatar e nella Turchia i due Paesi musulmani più impegnati a favorire progetti di cooperazione economica e finanziaria.[45]

È questo il momento in cui Hamad può esercitare un'influenza regionale senza precedenti: è il punto di riferimento dei gruppi islamici rivoluzionari, dal Golfo al Nordafrica, manda i jet assieme alla Nato a bombardare il regime di Muhammar Gheddafi in Libia, investe a Gaza per sostenere le infrastrutture di Hamas e incalza l'avversario di sempre, l'Arabia Saudita. L'antagonismo con gli al-Saud affonda le radici nella competizione secolare fra tribù della Penisola arabica, ma ora il duello diventa strategico: il Qatar sostiene i Fratelli Musulmani, ovvero la versione anti-establishment del fondamentalismo sunnita che in Arabia Saudita governa con il pensiero wahhabita. È una sfida tutta interna al mondo sunnita, che nasce sul piano tribale nella rivalità per la supremazia nella Penisola arabica, si articola in opposte letture teologiche degli insegnamenti di Maometto e porta allo scontro di interessi su più teatri: anzitutto in Siria, ma anche in Iraq e Libia gli al-Saud e gli al-Thani sostengono gruppi ribelli in lotta fra loro prima ancora che in guerra contro gli sciiti. Come riassume Abdullah al-Shayji, politologo del Kuwait, «il Qatar ha due obiettivi di fondo: non vuole che i sauditi siano il più importante o l'unico protagonista del mondo sunnita in Medio Oriente e persegue un ruolo da maggiore potenza nella regione».[46]

Ma il sommovimento popolare del luglio 2013, che in Egitto rovescia Morsi e porta al potere i militari del generale Abdel Fattah al-Sisi, infligge un duro colpo alle aspirazioni di Hamad consegnando una vittoria strategica all'Arabia Saudita di re Abdullah, abile nello sfruttarla per incalzare il Qatar su ogni fronte: nasce un'intesa con

Egitto, Giordania ed Emirati del Golfo contro i Fratelli Musulmani che vengono banditi ovunque, equiparati ai gruppi terroristici e usati come capo d'accusa contro Doha, arrivando a minacciarne l'espulsione dal Consiglio di cooperazione del Golfo. Abdullah guida il ritiro degli ambasciatori da Doha esercitando pressioni, politiche ed economiche, che decretano ai danni di Hamad un isolamento senza precedenti. È questa la cornice che spinge l'emiro di Doha ad abdicare a favore del figlio Tamim, che inizia una lenta ma progressiva inversione di rotta. Il 2013 è l'anno in cui il Dipartimento del Tesoro Usa accusa il Qatar di aver consentito l'invio di finanziamenti privati allo Stato Islamico[47] e in cui tali fondi iniziano a fermarsi grazie a nuove norme sulla beneficenza islamica, con Doha che accetta l'anno seguente il diktat di Riyad sull'espulsione di molti leader esuli egiziani dei Fratelli Musulmani – con destinazione Turchia – impegnandosi con i jet a sostegno della coalizione anti-Isis guidata dagli Stati Uniti e, nel 2015, inviando oltre mille uomini nel contingente pansunnita guidato dall'Arabia Saudita in Yemen contro la ribellione degli houthi. Il nuovo re saudita Salman da parte sua cambia politica, promuovendo un riavvicinamento con Turchia e Qatar che punta a compattare il fronte sunnita in chiave anti-iraniana; è una cornice strategica che consente a Tamim di ricostruire le relazioni con gli al-Saud, operando assieme anche sul terreno più rovente: in Siria, puntando a rovesciare il regime di Bashar Assad sostenendo la coalizione di ribelli islamici l'Esercito della conquista. E non è tutto, perché in tale nuova cornice Tamim rilancia lo sviluppo di Rawabi, la città in via di costruzione dal 2010 a nord di Ramallah, in Cisgiordania, attraverso una società privata affidata a Bashar al-Masri per consentire al ceto medio-alto palestinese di vivere in un ambiente urbano simile ai sobborghi nordamericani, al fine di favorire uno sviluppo economico-sociale diverso dalla tradizionale comunità tribale. Come al-Masri spiega, «vogliamo realizzare più Rawabi in Palestina» per accelerare la modernizzazione in Cisgiordania, d'intesa tanto con l'Autorità palestinese che con Israele, da cui i costruttori acquistano ogni anno oltre cento milioni di materiale edile.

«Il Qatar è un luogo unico» riassume Ehud Yaari, arabista della tv israeliana, «perché capace di finanziare i gruppi jihadisti e al contempo di accogliere delegazioni israeliane.» È un ruolo di cui Gerusalemme si serve per negoziare con Hamas l'ipotesi di una tregua decennale a Gaza, come Washington se ne è servita in più occasioni – e con alterne fortune – per trattare liberazioni di ostaggi con i talebani afghani del mullah Omar e anche con al-Nusra.

Sheikh Mohammed, la spada e il tesoro

A guidare le più efficienti forze militari sunnite è Mohammed bin Rashid al-Maktoum, vicepresidente e primo ministro degli Emirati Arabi Uniti, nonché emiro di Dubai. Da quando è entrato in carica, nel 2006, ha dedicato pari sforzi a due obiettivi convergenti: dotare gli Emirati di unità anti-terrorismo di livello internazionale e trasformare Dubai in un hub del business globale. I leader europei che meglio lo conoscono lo chiamano semplicemente «Mo» e non cessano di stupirsi per la grinta, personale e politica, con cui si batte contro ogni tipo di gruppo estremista islamico, sunnita o sciita.

Quanto sta avvenendo sul terreno, in più Paesi, dimostra che Sheikh Mohammed fa sul serio sul fronte militare. Gli oltre tremila uomini inviati in Yemen – a

1600 chilometri di distanza dalle proprie basi – contro la guerriglia degli houthi hanno preso le redini dell'intervento sunnita voluto e guidato dai sauditi: il generale Nasser al-Oteibi ha liberato Aden dai ribelli, consentendo al governo legittimo di Abed Rabbo Mansour Hadi di riaprire alcuni ministeri, e guida la riconquista verso nord mentre Abdullah al-Dhaheri, generale della guardia presidenziale di Dubai, è responsabile della ricostruzione civile attraverso l'elargizione di centinaia di milioni di dollari per rimettere in piedi il Paese.

La leadership delle operazioni anti-ribelli e della ricostruzione è un frutto di quanto avvenuto dal 2001: gli Emirati Arabi Uniti hanno inviato le proprie truppe speciali in Afghanistan contro i talebani, a fianco della Nato, maturando un'esperienza anti-terrorismo che nessun altro Paese arabo possiede.[48] Forze speciali e guardia presidenziale hanno operato in particolare a fianco dei Marines, sviluppando capacità d'azione e coordinamento con le forze occidentali non solo nelle operazioni convenzionali di terra ma anche nelle tattiche di anti-guerriglia e nelle attività aeree.[49] Si spiega così un profilo militare in costante crescita: nel 2011 gli Emirati partecipano ai raid aerei della Nato contro il regime di Gheddafi in Libia, nel 2013 inviano contingenti di truppe speciali nel nord del Mali a fianco dei francesi contro al-Qaida, nel 2014 entrano nella coalizione aerea anti-Isis creata dagli Stati Uniti di Obama e nel 2015 sono la punta di diamante della risposta militare in Yemen ai «tentativi di infiltrazione dell'Iran», come li descrivono i sauditi. Senza contare i blitz aerei, condotti con l'Egitto di Abdel Fattah al-Sisi, contro le posizioni dei jihadisti di Isis in Libia.

Ciò che colpisce è l'efficienza delle forze emiratine in più tipi di interventi: paracadutare munizioni, addestrare ribelli, operare con reparti blindati, compiere raid con aerei o truppe speciali ma anche gestire infrastrutture civili temporanee, come ad Aden, nell'intento di passare al più presto le consegne ai rappresentanti dei governi locali. Per il Pentagono gli Emirati dispongono, nel complesso, delle migliori forze armate in Medio Oriente, dopo quelle di Israele, e la cooperazione con Washington è anche nel cyberspazio: Barack Obama e Sheikh Mohammed hanno concordato la nascita del Sawab Center che si ripromette di sfidare nella realtà digitale la formidabile campagna mediatica dello Stato Islamico.[50] Tanta determinazione nel mondo arabo-sunnita è una rarità e a spiegarne la genesi è lo stesso Sheikh Mohammed quando afferma: «Dalla crisi finanziaria del 2008 abbiamo imparato quanto il mondo è interdipendente nell'economia, ebbene lo è anche per la lotta al terrorismo nei confronti dei barbari di Isis». «Il mondo deve unirsi per delegittimare l'ideologia che alimenta gli estremisti e il loro potere» aggiunge l'emiro di Dubai, secondo cui «è possibile batterli militarmente anche se ciò non basta perché una pace durevole ha bisogno di vincere la battaglia delle idee, migliorare la *governance* nel mondo arabo e sostenere lo sviluppo delle popolazioni».[51] È una maniera per dire che le truppe speciali sono necessarie ma non sufficienti se c'è carenza di riforme e prosperità.

Con la stessa determinazione Sheikh Mohammed si batte contro le interferenze iraniane nei Paesi sunniti, dallo Yemen al Bahrein fino alla Siria, perché convinto che estremismo sciita ed estremismo sunnita siano due facce della stessa minaccia nei confronti dell'intero mondo arabo-musulmano. Per vincere la «battaglia di idee» con Isis, Sheikh Mohammed ha voluto, ottenuto e accelerato il debutto delle donne pilota nell'aviazione militare con l'esito di attirare i riflettori su Mariam al-Mansouri, la prima ad aver guidato un jet degli Emirati in missione contro le basi dei jihadisti.[52]

La capacità di brandire la spada per Sheikh Mohammed è convergente con quella di moltiplicare le ricchezze economiche di Dubai. È lui ad aver voluto la riforma di governo e amministrazione, trasformando Dubai in una «global city» dove ogni grande multinazionale vuole essere presente per partecipare alla seconda economia dei Paesi arabi del Golfo, la cui prosperità è evidenziata dai grandi progetti in corso – o già terminati – come il parco tecnologico Dubai Internet City, il Dubai Media City, il Dubai International Finance Centre, Palm Island, l'imposizione di Emirates nel mercato delle maggiori aerolinee, l'hotel-icona Burj al-Arab, l'edificio Burj Khalifa, ovvero il più alto costruito dall'uomo nell'intero Pianeta, la Fondazione al-Maktoum con dieci miliardi in cassa e il Dubai Cares per aiutare con oltre novecento milioni di dollari le popolazioni delle nazioni più povere. Sheikh Mohammed è riuscito in dieci anni a far eccellere Dubai nell'ambito degli Emirati Arabi Uniti sul terreno della prosperità – è la prima destinazione turistica in Medio Oriente ed è l'emirato che dipende di meno dal greggio – e ora è convinto di poter primeggiare ancora, nell'ambito dei Paesi sunniti, nel doppio duello strategico contro terroristi jihadisti e Iran.

Qaboos, negoziatore segreto

Qaboos bin Said al-Said, sultano dell'Oman, è l'unico leader della regione capace di restare in bilico fra i grandi duellanti di Teheran e Riyad. Lo deve alla sua fede, l'Islam ibadita nato dalla tribù dei Banu Tamim circa vent'anni dopo la morte di Maometto, ovvero prima della spaccatura fra sciiti e sunniti. Lo deve alla posizione geografica del suo regno, nel sud-est della Penisola arabica, circondato dall'Arabia Saudita ma al tempo stesso titolare della penisola del Musandam che controlla lo Stretto di Hormuz, che condivide con l'Iran. E lo deve a una Realpolitik, della quale lui è stato artefice e protagonista, che bilancia stretti legami economici con l'Iran con un'alleanza strategica di ferro con l'Arabia Saudita. È un equilibrio che si fonda sul proprio controllo, assoluto, del potere in Oman.

Arrivato sul trono nel luglio del 1970, quando non aveva ancora compiuto trent'anni, grazie a un colpo di Stato contro il padre Said bin Taimur, Qaboos ha accentrato da allora tutte le maggiori cariche istituzionali, governative e militari. Essere sultano significa accentrare i poteri di capo dello Stato, capo del governo, ministro della Difesa, ministro degli Esteri, capo di stato maggiore, presidente della Banca centrale e fonte esclusiva della Costituzione nonché dei decreti reali grazie a cui il Paese è governato, i giudici vengono nominati, i reati estinti e le sentenze modificate. Senza contare l'orchestra della Royal Opera House di Muscat, 120 musicisti che Qaboos, avido melomane, segue di persona. La sua autorità è inviolabile e l'obbedienza dei sudditi assoluta.[53] Non ha fratelli né figli ma una moglie (la seconda) che raramente appare in pubblico. La simbiosi fra Qaboos bin Said al-Said e il suo Stato è totale – non a caso gli ha cambiato nome, per identificare la coesione politica con se stesso, perché quando salì al trono si chiamava «Muscat e Oman» –, anche perché fu lui a salvarlo dal pericolo che il padre non riusciva a fronteggiare: l'insurrezione comunista nello Yemen del Sud. Qaboos seppe farlo, sconfiggendo le incursioni dei ribelli, grazie all'aiuto dello shah di Persia – e delle truppe speciali giordano-britanniche – nel primo atto di una costante alternanza di patti segreti e convergenze pubbliche fra Teheran e Riyad.

Tutto ciò si riflette in quanto sta avvenendo almeno dall'inizio del 2013: Muscat ha ospitato il debutto delle trattative segrete sul nucleare fra Usa e Iran quando il presidente a Teheran era ancora Mahmoud Ahmadinejad, Qaboos è stato un importante «facilitatore» per recapitare ad Ali Khamenei le – almeno due – lettere di Barack Obama, ha consentito di superare più momenti di crisi fra i negoziatori di Javad Zarif e John Kerry e quindi, ad accordo raggiunto a Losanna all'inizio di aprile 2015, ha incassato il riconoscimento della Casa Bianca e al tempo stesso un legame economico privilegiato con Teheran – sotto forma di un gasdotto che gli consentirà di esportare sessanta miliardi di dollari di gas naturale iraniano nei prossimi venticinque anni – che lo trasforma in attore strategico nelle crisi aperte, a cominciare dallo Yemen.

Per aprire una finestra sulla diplomazia personale di Qaboos bisogna ascoltare Ali Akbar Salehi, ex ministro degli Esteri di Teheran, quando assicura: «Appena Hassan Rouhani fu eletto presidente, gli dicemmo dei contatti segreti in Oman con gli americani e rimase senza parole».[54] Ma Rouhani fu rapido nel comprendere che il sultano offriva un'opportunità unica: nacque così il team di Abbas Araghchi e Majid Ravanchi che, trattando con William Burns, numero due del Dipartimento di Stato, imbastì la trattativa sui temi-chiave del futuro accordo. Nulla da sorprendersi dunque se davanti alla richiesta saudita di partecipare all'intervento pansunnita in Yemen contro gli houthi il sultano ha fatto un passo indietro – per non irritare l'Iran – bilanciandolo con un rafforzamento della cooperazione militare e d'intelligence con Riyad nell'ambito del Consiglio di cooperazione del Golfo.

Nel Grande Medio Oriente segnato da faide sanguinose, vendette spietate e guerre tribali, Qaboos incarna il successo di una rara Realpolitik[55] che ha alle spalle l'eredità dei commercianti di spezie del XVIII secolo, capaci di controllare Zanzibar davanti alle coste dell'attuale

Tanzania e di ottenere dai portoghesi il porto pakistano sull'Oceano Indiano di Gwadar, che la Cina sta ristrutturando per farne uno dei punti di snodo della Via della Seta del XXI secolo.[56] L'unico momento in cui il trono del sultano è stato contestato è arrivato nel 2011, quando durante la fase iniziale della «Primavera araba» a Muscat vi furono proteste di piazza a favore di libertà d'opinione e democrazia rappresentativa: la risposta di Qaboos fu nella promessa di «posti di lavoro» e «benefici economici», ma nient'altro. Come dire: avranno più prosperità senza però maggiori libertà personali e politiche.

Mohammed VI e gli imam per la tolleranza

Oltre un cancello biancoverde in fondo all'Avenue Mohammed el-Jazuli, nel quartiere di al-Irfane di Rabat, sorge la prima accademia araba per la formazione di imam anti-jihadisti. A volerla è stato Mohammed VI, sovrano del Marocco discendente di Fatima, la figlia del Profeta Maometto, e a guidarla è un imam dalla voce tenue e la determinazione ferrea. *Jalabiya* bianca, sandali di pelle beige e fez rosso, Abdesselam Lazaar è il direttore dell'Istituto per la formazione degli imam, inaugurato nel marzo 2015, e ci accoglie nel cortile affollato da centinaia di alunni. «Vengono dall'Africa sub-sahariana, dal Marocco e dalla Francia» spiega «per apprendere l'Islam e portarlo nei loro Paesi, al fine di sconfiggere, sradicare le bugie orrende e la violenza che alimenta Isis, al-Qaida e gli altri gruppi jihadisti.» Gli studenti hanno i profili più differenti: il più giovane ha vent'anni e il più anziano sessantanove, l'80 per cento sono uomini e il resto donne destinate a essere «predicatrici», c'è chi arriva dalle scuole islamiche, chi dagli atenei umanistici e chi viene inviato dai rispettivi governi. In totale, oltre ottocento anime. È uno spaccato del mondo arabo anti-jihadista.

L'idea della «formazione degli imam» venne a Mohammed VI nel 2013, sulla scia delle devastazioni della guerra civile siriana, e la scelta di affidarla a Lazaar nasce dal suo retroterra: per venticinque anni ha formato, sempre qui a Rabat, gli imam del Mali. «L'Africa sub-sahariana è la frontiera più importante dove fermare i jihadisti» sottolinea, accompagnandoci a visitare le classi. In quella di Corano, l'insegnante spiega le sure sulla tolleranza nei confronti dei «popoli del Libro», in quella sugli insegnamenti di Maometto la discussione è sull'imperativo di «non uccidere il prossimo, se non in una guerra legale». Sono aule universitarie, con centinaia di studenti, gli uomini divisi dalle donne. Fanno domande, dibattono. Poi ci sono le aule di cultura umanistica, dove si studia storia, cultura contemporanea e infine, nel piano sotterraneo, la palestra con attrezzi e tapis roulant, la sala per imparare a cucire a macchina (solo per donne) e gli spazi per lo sport. «Un imam deve essere aperto ai credenti ma deve anche conoscere la cultura generale e deve essere a posto con se stesso, a cominciare dal proprio corpo» aggiunge Lazaar, secondo il quale «il jihadismo è un virus, una malattia, che nasce dalla scelta della violenza da parte di individui che prima di odiare il prossimo odiano se stessi, ciò che sono». «Per questo l'antidoto è la conoscenza dell'Islam» sottolinea Mohammed Mraizika, segretario generale dell'Unione delle moschee di Francia, che seleziona e segue molti dei futuri imam. «Se questa scuola si trova a Rabat non è un caso» spiega Mraizika «perché l'Islam marocchino è di scuola giuridica malakita, spiritualità sufi e liturgia asharita», ovvero una combinazione «che porta alla flessibilità e alla tolleranza». In particolare «la duttilità del sufismo è all'opposto dell'intolleranza dei salafiti» e questo spiega perché i miliziani di Isis in Iraq e Siria distruggono ogni santuario sufi. Uscire da qui con l'attestato di «laurea da imam» significa andare nelle moschee a predicare contro «il falso Califfo nemico dei musulmani».

Gli studenti provengono in gran parte da Mali, Guinea Conakry, Costa d'Avorio, Marocco e Tunisia, ma vi sono anche ventidue francesi – incluse due donne – e per sapere come vivono la loro missione ne incontriamo alcuni. Amina, coperta da un chador celeste, viene dalla Guinea Conakry, e parla della necessità di «far sapere che Maometto non incita alla violenza». Ahmadi, marocchino di Fez, ha studiato all'Università al-Qarawiyyin – roccaforte dell'Islam malakita – e sottolinea come «per noi è centrale il ruolo del re del Marocco, Amir al-Maamunim», ovvero «principe dei fedeli». Il riferimento è alla particolarità dell'Islam marocchino: i discendenti di Fatima crearono il regno di Sharif che non venne invaso dagli ottomani e dunque il Califfato del passato non ha mai raggiunto queste terre, dove il sovrano ha garantito lo sviluppo di una fede non contagiata da altre influenze, giuridiche o politiche. E ancora oggi il «principe dei fedeli» è alla guida degli *ulema*, creando un equilibrio di poteri che tutela tutti i «credenti», e dunque non solo i musulmani ma anche ebrei e cristiani. Mohammed VI vuole rafforzare tale aspetto dottrinale con la nuova Costituzione, approvata nel 2011, che definisce l'identità marocchina come una somma di «arabi, berberi, ebrei e andalusi». Ali, trentenne di Abidjan, freme dal desiderio di «tornare in Costa d'Avorio per parlare nelle moschee contro il falso Califfo» e al-Uaifi, francese di Orleans, parla di «Islam erede dell'Andalusia, tollerante e integrato con le altre fedi per promuovere scienza e umanità, vivendo assieme, con tutti».

Ascoltare questi imam anti-jihadisti significa conoscere i messaggi che si propongono come antidoto ai jihadisti che incombono sul Marocco per la presenza di al-Qaida in Algeria e nel Sub-Sahara come di Isis, tanto in Libia che Tunisia.

A tre ore di auto di distanza, seduto nel club Simon Pinto di Casablanca, il presidente della Comunità israelitica del Marocco, Serge Berdugo, aggiunge altri tasselli al modello di Islam marocchino: «Amir al-Maamunim è il garante della tolleranza perché il nonno dell'attuale re, Mohammed V, salvò gli ebrei dalle persecuzioni di Vichy, perché il padre Hassan II era molto legato a Shimon Peres e perché lui, Mohammed VI, negli ultimi anni ha voluto restaurare tutte le sinagoghe del Paese, oltre 20.000 tombe ebraiche, e insignire il gran rabbino d'Israele con la massima onorificenza civile». E poi ci sono le storie meno note, come quanto fatto da Mohammed VI a favore degli ebrei venezuelani solo pochi anni fa: «Con Hugo Chávez la situazione era diventata pesante, molti di loro sono di origine marocchina e così gli abbiamo fatto avere i passaporti, in base alla legge nazionale secondo cui la cittadinanza non si perde mai». Almeno novemila ebrei venezuelani su 40.000 ne hanno ricevuti. «C'è stato un periodo in cui gliene consegnavamo duecento alla settimana» ricorda Berdugo, con appuntati sulla giacca i colori nazionali.

Nel vicino museo ebraico il paragrafo sulla multietnicità nazionale della nuova Costituzione è inciso nel marmo, all'entrata. «È un'eccezione che nasce dal fatto che qui il Califfato non c'è mai stato perché i turchi si fermarono in Algeria» aggiunge Berdugo, riferendosi all'«assenza del contagio jihadista»: «È una vicenda che non riguarda questa nazione».

Ma non è tutto, perché a 1500 chilometri di distanza, nel Sahara Occidentale, il governo ha costruito il Berm, ovvero un vallo di 2700 chilometri per difendersi dalle infiltrazioni jihadiste. La città più vicina a questa frontiera artificiale, fatta di muri di sabbia e sensori elettronici, è Dakhla il cui *wali* – una sorta di super-prefetto –, Lamine Benomar, definisce i «nemici» adoperando termini come «jihadi-gangster» e «revolution-gangster», ovvero i miliziani di al-Qaida e i guerriglieri del Fronte Polisario che si battono per l'indipendenza.[57] «Tentano in continuazione di penetrare, ma non li faremo arrivare all'Atlantico» assicura, seduto nel suo ufficio con il ritratto del re alle spalle, «così come non lo abbiamo consentito a sovietici e comunisti durante la Guerra Fredda, allora come oggi è qui nel Sahara che il Marocco protegge l'Occidente.» È una difesa militare che vede oltre 40.000 uomini armati, con un posto di controllo ogni cinque chilometri, lungo l'intero vallo terrestre, affiancati da unità della marina che pattugliano il mare. «Come avviene in California con i narcos messicani e in Israele con Gaza, anche qui i gangster tentano di sfruttare il mare per infiltrarsi» aggiunge il *wali*, indicando le navi militari attraccate poco distante dal porto industriale dei pescatori di sardine vendute in tutto il mondo. I comandanti delle unità anti-terrorismo che perlustrano il deserto presentano al *wali* i rapporti su una guerra quotidiana che lui riassume così: «Sfruttano le rotte del traffico di sigarette per far passare droga e, ora che la Libia è una porta all'Europa, anche clandestini e armi: è un fiume di illegalità nel quale si celano i jihadi-gangster. Gli diamo una caccia senza tregua». Ricorrendo a trappole nel deserto, come il percorso del vallo suggerisce: è costruito tre chilometri all'interno dei confini nazionali per far avanzare il nemico, bloccargli ogni via di fuga e catturarlo vivo «per sapere tutto di lui e di chi lo ha mandato».

Sidi Ahmed Bekkar, presidente del Consiglio provinciale di Oued Eddahab, a cui Dakhla appartiene, parla di «impegno per creare un argine in Africa contro il Califfo impostore» e al tempo stesso per «far fiorire il deserto grazie all'agricoltura», testimoniata dalla coltivazione di pomodori piccoli come fragole. «Crescono solo qui e in Israele» conclude Boussif el-Mami, presidente della regione di Dakhla, convinto che «scienza, tolleranza e amore per la vita» fermeranno i jihadisti sui confini del Marocco «proprio come avvenne con i turchi».

Note

1. Sfida per l'Islam

1. Graeme Wood, *What Isis Really Wants*, «The Atlantic», marzo 2015.
2. Can Erimtan, *Isis and Its Mission: Religious Cleansing, Genocide & Destruction of the Past*, RT, 10 maggio 2015.
3. Abdel Fattah al-Sisi, discorso tenuto all'Università al-Azhar del Cairo, 28 dicembre 2014.
4. Graeme Wood, *What Isis Really Wants*, cit.
5. Pew Research Center, *The Future of the Global Muslim Population*, Washington 2014.
6. Aymenn Jawad al-Tamimi, *The Islamic State of Iraq and ash-Sham's Messages and Self-Presentation in Syria and Iraq*, «Jihadology», 9 settembre 2013.
7. Bernard Lewis, *The Political Language of Islam*, University of Chicago Press, Chicago 1988.
8. Ron Tira, *The Nature of War*, Sussex Academic Press, Londra 2010.
9. Mordechai Kedar, *The Real Thing*, «Makor Rishon», 25 febbraio 2012.
10. Sarkis Abu-Zayd, *The Resurgence of Arab Tribalism*, «Al-Monitor», 12 settembre 2013.
11. Hussein D. Hassan, *Iraq: Tribal Structure, Social, and Political Activities*, CRS Report for Congress, Washington DC, 15 marzo 2007.
12. Tareq al-Abd, *Tribalism and the Syrian Crisis*, «Al-Monitor», 18 gennaio 2013.

13. Jon Mitchell, *War in Libya and Its Futures. Tribal Dynamics and Civil War*, The Red (Team) Analysis Society, 13 aprile 2015.
14. Sarkis Abu-Zayd, *The Resurgence of Arab Tribalism*, cit.
15. Barak Salmoni, Bryce Loidolt e Madeleine Wells, *Regime and Periphery in Northern Yemen: The Huthi Phenomenon*, Rand Corporation, Santa Monica (CA) 2010.
16. Sultan al-Qassemi, *Tribalism in the Arabian Peninsula: It Is a Family Affair*, «Jadaliyya», 1° febbraio 2012.
17. Mordechai Kedar, *Solving the Middle East's Problems*, «Arutz Sheva», 13 settembre 2015.

2. *Campi di battaglia: il fronte orientale*

1. Sinan Salaheddin e Sameer N. Yacoub, *Is Militants Look for Collaborators After Taking Iraqi City*, Associated Press, 18 maggio 2015.
2. *Moqtada al-Sadr Vows to «Fill» Iraq's Land with Isis Bodies If Reached the Holy Shrines*, Anba, 19 maggio 2015.
3. Charles Lister, *Why Assad Is Losing*, «Foreign Policy», 5 maggio 2015.
4. Dexter Filkins, *The Shadow Commander*, «The New Yorker», 30 settembre 2013.
5. Andrew Doran, *The Liberation of Mosul, and Other Illusions*, «Washington Examiner», 17 giugno 2015.
6. Andrew Doran, *Holding Down the Fort in Kurdistan: Peshmerga Play Defense Against Isis*, «National Review», 16 giugno 2015.
7. Jillian Kay Melchior, *Those Who Face Death*, «National Review», 21 settembre 2014.
8. Florian Neuhof, *Abandoned and Betrayed, Iraqi Christians Rise Up to Reclaim Their Land*, «The National», 13 luglio 2015.
9. Joanna Paraszczuk, *The American Vets Fighting Against Is*, Radio Liberty, 6 novembre 2015.
10. Loveday Morris, *These Americans Return to Iraq As Christian Warriors Against Islamic State*, «The Washington Post», 2 marzo 2015.
11. Simon Tomlison, *Russia Finally Blitzes Isis: At Least 12 Jihadis Killed After Kremlin Strikes Targets Near Raqqa – As Fanatics Hit Back with «Death to Putin» Tweet and Image of Moscow in Flames*, «MailOnline», 2 ottobre 2015.

12. The Soufan Group, *Putin's Chechen Nightmare in Syria*, 20 ottobre 2015.
13. Mitchell Prothero, *U.S. Training Helped Mold Top Islamic State Military Commander*, McClatchy, 15 settembre 2015.
14. *Syria Conflict: Assad in Surprise Visit to Moscow*, Bbc, 21 ottobre 2015.
15. Wasfi Kailani, *Chechens in the Middle East: Between Original and Host Cultures*, seminario tenuto dal Caspian Studies Program presso la Kennedy School of Government – Harvard University, 18 settembre 2002.
16. *Isis Claims Iraqi-Jordanian Border Crossing Attack*, Al Arabiya, 25 aprile 2015.
17. *Israel Gives Jordan Helicopters for Border Security*, Reuters, 23 luglio 2015.
18. Jay Akbar, *Isis Fighters «Set to Move into Jordan»: New Threat for 700,000 Refugees Who Fled Iraq and Syria to Escape Terror Group's Evil Clutches*, «MailOnline», 26 maggio 2015.
19. Khaled Abu Toameh, *Isis Threatens to Invade Jordan, «Slaughter» King Abdullah*, Gatestone Institute, 12 giugno 2014.
20. Diaa Hadid e Rick Gladstone, *Israel to Build Fence Along at Least Part of Jordan Frontier*, «The New York Times», 29 giugno 2015.
21. Elizabeth Dickinson, *War to Saudi Arabia*, «Foreign Policy», 22 maggio 2015.
22. Lori Plotkin Boghardt, *Battling Isis and Beyond in the Gulf*, PolicyWatch, The Washington Institute, Washington, 6 agosto 2015.
23. Madawi al-Rasheed, *Saudi Arabia Forced to Rethink Ideology in Fight Against Is*, «Al-Monitor», 3 dicembre 2014.
24. *Saudis Most Likely to Join Isis, 10% of Group's Fighters Are Women*, «Middle East Monitor», 20 ottobre 2014.
25. *Islamic State Leader Urges Attacks in Saudi Arabia: Speech*, Reuters, 13 novembre 2014.
26. Richard Spencer, *Saudi Arabia's «Great Wall» to Keep Out Isil*, «The Telegraph», 14 gennaio 2015.
27. Alexander Lacasse, *The Great Wall of Saudi Arabia?*, «The Christian Science Monitor», 15 gennaio 2015.
28. Simon Mabon, *The Battle for Bahrain: Iranian-Saudi Rivalry*, «Journal of the Middle East Policy Council», estate 2012.
29. Frederic Wehrey, Theodore W. Karasik, Alireza Nader, Jeremy J.

Ghez, Lydia Hansell e Robert A. Guffey, *Saudi-Iranian Relations since the Fall of Saddam: Rivalry, Cooperation, and Implications for U.S. Policy*, Rand Corporation, Santa Monica (CA) 2009.

30. Shahram Chubin, *Iran and Regional Security in the Persian Gulf*, «Survival», autunno 1992.
31. Hasan T. Alhasan, *The Role of Iran in the Failed Coup of 1981: The Iflb in Bahrain*, «Middle East Journal», 2011.
32. Simon Henderson, *State of Emergency*, «Foreign Policy», 7 giugno 2011.
33. Mahmoud Cherif Bassiouni, Nigel Rodley, Badria al-Awadhi, Philippe Kirsch e Mahnoush H. Arsanjani, *Report of the Bahrain Independent Commission of Inquiry*, Bahrain Independent Commission of Inquiry, Manama, 23 novembre 2011.
34. Abbas Qaidaari, *Does Iran Have a Card to Play in Bahrain?*, «Al-Monitor», 17 marzo 2015.
35. Saeed al-Batati, *Yemen: The Truth Behind al-Qaeda's Takeover of Mukalla*, Al Jazeera, 16 settembre 2015.
36. Sara A. Carter, *Islamic State Recruitment Document Seeks to Provoke «End of the World»*, «Usa Today», 28 luglio 2015.
37. Aman Sharma, *Home Ministry to Draw Up Plan of Action with States Against Isis*, «Economic Times», 21 luglio 2015.
38. *Bin Laden: Osama's Son Hamza «Issues al-Qaeda Message»*, Bbc, 14 agosto 2015.

3. Campi di battaglia: il fronte occidentale

1. Yonah Jeremy Bob, *Seven Israeli Arabs Indicted for Creating Isis Cell to Attack Israel*, «Jerusalem Post», 1° ottobre 2015.
2. *Isis-Inspired Palestinian Militants Arrested in West Bank*, Nbc News, 5 gennaio 2015.
3. Yaakov Lappin, *Defense Minister Bans Islamist Temple Mount Activists*, «Jerusalem Post», 9 settembre 2015.
4. Roi Kais, *Isis in Hebrew: «We Will Make You Pay for Every Crime»*, Ynet, 23 ottobre 2014.
5. Hana Salah, *Hamas Struggling Against Emerging Islamist Parties*, «Al-Monitor», 28 maggio 2015.

6. *Security Forces Arrest Palestinian Is-Affiliated Operative from Gaza*, I24News, 18 settembre 2015.
7. Dov Lieber, *Powerful Militant Group in Gaza Allegedly Pledges Allegiance to Isis*, «Jerusalem Post», 11 settembre 2015.
8. *Isis Promises to Be a «Thorn in the Throat of Hamas» and Israel*, Worthy News, 2 luglio 2015.
9. Amos Harel, *How the Isis Threat to Israel Differs from North to South*, «Haaretz», 7 luglio 2015.
10. The Soufan Group, *The Islamic State's North African Momentum*, 9 giugno 2015.
11. Aaron Zelin, *The Tunisian-Libyan Jihadi Connection*, The Washington Institute, Washington, 6 giugno 2015.
12. Aaron Zelin, *The Islamic State's Burgeoning Capital in Sirte*, The Washington Institute, Washington, 6 agosto 2015.
13. Rachid Khachaneh, *Libya's Is Expansion Puts Egypt, Tunisia, Algeria Under Threat*, «Al-Monitor», 15 marzo 2015.
14. Dan Stewart, *Blood and Human Trafficking in the Dustbowl of Libya*, «Time», 17 settembre 2015.
15. Rebecca Murray, *Tuareg and Tebu Fight Proxy Battle in Southwest Libya*, Al Jazeera, 22 giugno 2015.
16. The Soufan Group, *Libya's Refugee Profiteers*, 9 ottobre 2015.
17. Jamie Doward, *How Cigarette Smuggling Fuels Africa's Islamist Violence*, «Gulf News», 2 febbraio 2013.

4. L'Europa sulla linea del fuoco

1. Ruth Sherlock, *Islamic State «Planning to Use Libya As Gateway to Europe»*, «The Telegraph», 17 febbraio 2015.
2. S. Noble, *Isis Threatens to Flood Europe and Elsewhere As «Libyan Refugees»*, «Independent Sentinel», 19 febbraio 2015.
3. Jack Blanchard, *Officials Warn 20,000 Isis Jihadis «Have Infiltrated Syrian Refugee Camps»*, «Mirror Online», 14 settembre 2015.
4. *Breed and Conquer Europe, al-Aqsa Preacher Exhorts Muslims*, «Times of Israel», 19 settembre 2015.
5. *Ibid.*

6. Igor Jovanovic, *Isis Poses Threat to Balkans, Ministers Say*, «Balkan Insight», 29 luglio 2015.
7. *Isis Infiltrates into Europe, Sets Up Secret Base in the Balkans*, Ara News, 7 novembre 2015.
8. Timothy Holman, *Foreign Fighters from the Western Balkans in Syria*, «CTC Sentinel», 30 giugno 2014.
9. *Muslim Gangs. The Future of Muslims in the West*, ebook, 8 agosto 2015.
10. *El Estado Islámico amenaza con «no parar hasta llegar a Andalucía»*, Lainformacion.com, 17 luglio 2015.
11. Ignacio Cembrero, *El Estado Islámico sueña con conquistar Al Andalus*, «El Mundo», 4 settembre 2014.
12. *800 Returned Jihadists Ready to Attack in Europe*, Clarion Project, 26 agosto 2015.

5. Protagonisti militari

1. Martin Chulov, *Qassem Suleimani: Can This Man Bring About the Downfall of Isis?*, «The Guardian», 7 dicembre 2014.
2. *Meet the Pyromaniac Playboy Leading Hezbollah's Fight in Syria*, The Daily Beast, 3 agosto 2015.
3. Thomas Seibert, *Turkey Plans to Invade Syria, but to Stop the Kurds, Not Isis*, The Daily Beast, 28 giugno 2015.
4. Sandra Mackey, *The Reckoning: Iraq and the Legacy of Saddam*, W. W. Norton and Company, New York 2002.
5. Owen Matthews, *Turkey's Risky War with the Kurds*, «Newsweek», 4 agosto 2015.
6. Ed Stafford, *Explaining the Turkish Military's Opposition to Combating Isis*, The Washington Institute, Washington, 15 gennaio 2015.
7. Avaneesh Pandey, *Turkey-Pkk Conflict: Kurdish Leader Accuses Erdogan of Supporting Isis*, «International Business Times», 10 agosto 2015.
8. Lina Sinjab, *Syria: Assad Loyalists Concerned by Rise of Paramilitaries*, Bbc, 1° ottobre 2014.
9. Gareth Porter, *Gulf Allies and «Army of Conquest»*, «Al-Ahram Weekly», 28 maggio 2015.

10. Jeffrey White e Oula Abdulhamid Alrifai, *Growing Rebel Capabilities Press the Syrian Regime*, PolicyWatch 2414, The Washington Institute, Washington, 27 aprile 2015.
11. Ben Hubbard, *A Look at the Army of Conquest, a Prominent Rebel Alliance in Syria*, «The New York Times», 1° ottobre 2015.
12. Mariam Karouny, *Resilient Insurgent Group Ahrar al-Sham to Play Bigger Role in Syria*, Reuters, 22 settembre 2015.
13. *Nusra Leader: Our Mission Is to Defeat Syrian Regime*, Al Jazeera, 28 maggio 2015.
14. Bruce Riedel, *Why Saudi Arabia's Yemen War Is Not Producing Victory*, «Al-Monitor», 22 maggio 2015.
15. *A Haven for Malcontents*, «The Economist», 13 luglio 2013.
16. *Will Isis Find Fertile Ground in Egypt's Sinai?*, «Al-Monitor», giugno 2014.
17. Ahmed Eleiba, *Sinai Population Still Striving for Basic Rights As Unrest Continues: Report*, «Al-Ahram», 12 marzo 2015.
18. «Mada Masr», 28 aprile 2015.
19. Mokhtar Awad e Mostafa Abdou, *A New Sinai Battle? Bedouin Tribes and Egypt's Isis Affiliate*, The Atlantic Council, 14 maggio 2015.
20. Judi Rudoren, *Region Boiling, Israel Takes Up Castle Strategy*, «The New York Times», 18 gennaio 2014.
21. Yoav Zitun, *New Idf Chief: Cool and Calculated, Will Strike Hard and Fast – But Only If He Must*, «Yedioth Ahronoth», 29 novembre 2014.
22. Jonathan Beck, *Idf to Set Up Special Commando Brigade*, «Times of Israel», 7 luglio 2015.

6. Leader rivali

1. Chiara Campanelli, *Il Califfato e le sue «province» in Yemen*, Cronacheinternazionali.com, 12 ottobre 2015.
2. Eric Schmitt e Somini Sengupta, *Thousands Enter Syria to Join Isis Despite Global Efforts*, «The New York Times», 26 settembre 2015.
3. Bunzel Cole, *From Paper State to Caliphate: The Ideology of the Islamic State*, Brookings Institution, Washington, marzo 2015.

4. Haykel Bernard, *Isis: A Premier*, Princeton Alumny Weekly, Harvard, 3 giugno 2015.
5. Sayyid Qutb, *In the Shade of the Qur'an*, tradotto in inglese da M. A. Salahi e A. Shamis, Markfield, The Islamic Foundation, Leicester e Nairobi, Kenya 1999.
6. Abdullah Azzam, *Defence of the Muslim Lands – The First Obligation After Iman*, tradotto in inglese da Brothers in Ribatt, https://archive.org/stream/Defense_of_the_Muslim_Lands/Defense_of_the_Muslim_Lands_djvu.txt.
7. S. K. Malik, *The Quranic Concept of War*, Associated Printers, Lahore 1979.
8. Amir Taheri, *The Ayatollah's Plan for Israel and Palestine*, Gatestone Institute, 31 luglio 2015.
9. Arash Karami, *Soleimani: US Power in Region Has Declined*, «Al-Monitor», 1° settembre 2015.
10. *Ibid.*
11. Karim Sadjadpour, *Reading Khamenei. The World View of Iran's Most Powerful Leader*, Carnegie Endowment, Washington 2009.
12. Ervand Abrahamian, *Khomeinism. Essays on the Islamic Republic*, University of California Press, Londra 1993.
13. *Iran's Supreme Leader Once a Student Revolutionary Himself*, Cnn, 18 giugno 2009.
14. Julian Borger, *Khamenei's Son Takes Control of Iran's Anti-Protest*, «The Guardian», 8 luglio 2009.
15. Ali Khamenei, *Discorso a ospiti iraniani e stranieri*, Teheran, 2 giugno 1999.
16. Ali Khamenei, *Discorso a operai e insegnanti*, Teheran, 30 aprile 2003.
17. Akbar Ganji, *Who Is Ali Khamenei?*, «Foreign Policy», settembre-ottobre 2013.
18. Omer Benjakob, *The Saudi King and the American Rabbi*, Ynet, 23 gennaio 2015.
19. Eman El-Shenawi, *Egypt Strikes Back, but How Far Will Isis Fight Go?*, Al Arabiya, 7 novembre 2015.
20. Ahmed Eleiba, *Libyan Army: We Need Arms Not Ground Troops, for Now*, «Al-Ahram», 17 febbraio 2015.
21. Heba Saleh, *Full Steam Ahead on Project to Expand the Suez Canal*, «Financial Times», 29 giugno 2015.

22. *Egypt Launches Suez Canal Expansion*, Bbc, 6 agosto 2015.
23. David D. Kirkpatrick, *Suez Canal Upgrade May Not Ease Egypt's Economic Journey*, «The New York Times», 6 agosto 2015.
24. Eric Knecht e Asma Alsharif, *Sisi Walks Fine Line Between Egypt's Tycoons and Generals*, Reuters, 16 ottobre 2015.
25. *Turkish Daily Accuses Government of Sending Arms to Syria Rebels*, Al Arabiya, 29 maggio 2015.
26. *Salih Muslim: Turkey Aids Isis*, Rudaw, 27 luglio 2015.
27. Sami Zahed, *Turkey and the «Jihadist Highway»*, Al Arabiya, 10 settembre 2014.
28. Human Rights Watch, *World Report 2015: Syria*, 29 gennaio 2015.
29. Jonathan Schanzer, *An Unhelpful Ally*, «The Wall Street Journal», 25 giugno 2014.
30. Raphael Satter e Isil Sariyuce, *Turkey's Largest City Is Rattled by Growing Signs of Isis Support*, Associated Press, 14 ottobre 2014.
31. Sayed Abdel-Meguid, *Isis, Erdogan and Kidnapped Turks*, «Al-Ahram Weekly», 3 luglio 2014.
32. *Retired Turkish Soldiers Fighting for Isis*, Aidinlik, 7 luglio 2014.
33. Mariam Karouny, *Resilient Insurgent Group Ahrar al-Sham to Play Bigger Role in Syria*, Reuters, 22 settembre 2015.
34. *«Our Only Concern Is Islam»: Erdogan Slams Claims of Turkey-Isis Link*, Al Arabiya, 31 luglio 2015.
35. Onur Ant, *Erdogan Revives Memories of Turkic Empires in New State Ceremony*, Bloomberg, 12 gennaio 2015.
36. *Ottoman-Inspired «New Turkey» Anthem Praises Erdoğan*, Hurriyet Daily News, 11 aprile 2015.
37. *The Brotherhood, Erdogan and Isis*, «Al-Ahram Weekly», 6 novembre 2014.
38. Stephen Kinzer, *Erdogan Seeks a New Turkish Sultanate*, Al Jazeera, 28 marzo 2015.
39. Soner Cagaptay e Marc Sievers, *Turkey and Egypt's Great Game in the Middle East*, «Foreign Affairs», 8 marzo 2015.
40. John Hall, *Emir of Qatar Profile: Who Is Sheikh Hamad bin Khalifa Al Thani, How Did He Turn Qatar into the World's Richest Nation and Why Has He Decided to Abdicate?*, «The Independent», 25 giugno 2013.

41. *Profile: Qatar Emir, Sheikh Tamim bin Hamad Al Thani*, Bbc, 25 giugno 2013.
42. Mordechai Kedar, *Why the Saudis and Muslim Brotherhood Hate Each Other*, Arutz 7, 13 maggio 2014.
43. Barack Obama, *Remarks to the Turkish Parliament*, Ankara, 6 aprile 2009.
44. Fareed Zakaria, *Learning to Live with Radical Islam*, «Newsweek», 27 febbraio 2009.
45. Sultan Sooud al-Qassemi, *Qatar's Brotherhood Ties Alienate Fellow Gulf States*, «Al-Monitor», 23 gennaio 2013.
46. Elizabeth Dickinson, *The Case Against Qatar*, «Foreign Policy», 30 settembre 2014.
47. Janine di Giovanni, Leah McGrath Goodman e Damien Sharkov, *How Does Isis Fund Its Reign of Terror?*, «Newsweek», 6 novembre 2014.
48. Yaroslav Trofimov, *U.A.E. Takes Lead in Leaderless Southern Yemen*, «The Wall Street Journal», 30 agosto 2015.
49. Peter Salisbury e Simeon Kerr, *UAE Flexes Military Muscle Alongside Saudis in Yemen*, «Financial Times», 11 agosto 2015.
50. Asma Ajroudi, *U.S., UAE Take on Isis in «Information War»*, Al Arabiya, 8 luglio 2015.
51. *The Intellectual Battle Against Isis*, Project Syndicate, 27 settembre 2014.
52. Dana Ford, *Uae's First Female Fighter Pilot Led Airstrike Against Isis*, Cnn, 9 ottobre 2014.
53. *Oman Profile – Leaders*, Bbc, 26 ottobre 2013.
54. Laura Rozen, *Inside the Secret Us-Iran Diplomacy that Sealed Nuke Deal*, «Al-Monitor», 11 agosto 2015.
55. Sigurd Neubauer e Alex Vatanka, *Central Sultanate*, «Foreign Affairs», 5 maggio 2015.
56. *Oman's Challenges After Sultan Qaboos*, Stratfor, 13 luglio 2012.
57. Il Fronte Polisario, fondato nel 1973, è un'organizzazione militante e un movimento politico attivo nel Sahara Occidentale che vede l'indipendenza come obiettivo fondamentale, mentre la lotta armata, insieme al lavoro politico tra le masse, rimane lo strumento principale per ottenere il suo scopo.

Indice dei nomi

Indice